La vie pour s'aimer

Du même auteur

Ouvrages scientifiques

Des mots sur les maux du cancer : enfin des réponses simples à toutes vos questions, Mango, 2008.
Guide pratique du cancer : s'informer, s'orienter, se soigner (en coll.), Odile Jacob, 2007.
La Recherche sur le cancer a-t-elle échappé au tout-génétique ? (dir.), Le Bord de l'Eau, 2005.
Les Chemins de l'espoir : comprendre le cancer pour l'éviter et le vaincre, Odile Jacob, 2003.

Littérature

L'Arbre de joie (en coll.), L'Œil du Prince, 2007.
Le Coffre aux âmes, XO, 2002.
Ne meurs pas !, Anne Carrière, 1997.

David Khayat

La vie pour s'aimer

roman

PLON

www.plon.fr

ISBN : 978-2-259-20946-5

Chapitre I

Comment vous raconter, sans la trahir, ce qui fut une si belle histoire d'amour ? Trouver les mots justes, contrôler les émotions pour n'exposer ici que les événements tels qu'ils se sont réellement produits ?

D'autant qu'au moment où je me rendis compte que j'étais amoureux d'elle, Sophie n'avait plus que trois ou quatre mois à vivre.

C'était pendant l'hiver particulièrement rigoureux de 1993. Je travaillais à cette époque dans le service du professeur Lacombe. Henri Lacombe. Un patron pas facile, qui avait eu son heure de gloire, une dizaine d'années plus tôt.

Gloire ? En fait, ce n'est peut-être pas le terme exact... Mais ce qu'il avait fait, et qui lui valut d'abord les honneurs de la presse puis sa mise au placard, avait au moins eu le mérite de me permettre de le rencontrer et de devenir son assistant.

Henri Lacombe, à la fin des années 1970, avait déclaré lors d'une conférence de presse qu'il avait trouvé le traitement « miracle » qui allait guérir le cancer. Non seulement il avait osé annoncer une telle découverte, mais il avait même convaincu le ministre de la Santé de l'époque d'en faire l'annonce en grande pompe avec lui.

En réalité, il avait bien fallu admettre qu'il était allé un peu vite en besogne car les cinq pauvres malades qu'il avait mis en rémission avec son fameux traitement étaient tous morts dans les semaines qui avaient suivi des effets secondaires de ses traitements de cheval.

Son cri de victoire, pour le moins prématuré, lui valut alors des ennuis à la mesure de son incroyable annonce.

Comme vous l'imaginez, tout cela eut des conséquences désastreuses sur l'image de Lacombe, non seulement dans l'entourage du ministre, mais aussi à l'hôpital Saint-Jean-de-Dieu.

A partir de ce moment-là, il perdit tout crédit. Plus de budget, plus de moyens, et... plus d'internes bien sûr. C'est pour ça que, en 1980, quand je fus nommé interne des Hôpitaux de Paris, je pus tout de suite choisir de travailler chez lui. Personne d'autre que moi, dans ma promotion, n'avait bien évidemment fait ce choix.

Il faudra d'ailleurs que je vous raconte comment s'est passée notre première rencontre. Elle fut loin d'être banale... comme tout ce qui arriva par la suite !

Mais, d'abord, je dois vous parler de Sophie.

L'esprit humain fonctionne parfois de façon étrange. Votre perception des gens ou des événements est sans cesse modulée, modifiée, altérée par votre état d'esprit, par votre humeur ou simplement même par le contexte. Vous pouvez voir des choses tous les jours et les ignorer totalement. Et puis, il arrive qu'une fois, sans savoir pourquoi, elles se mettent à exister, à prendre vie, à devenir importantes pour vous. C'est ainsi que je vis Sophie pour la première fois – je veux dire pour la première fois comme une femme – début décembre. Ne me demandez pas pourquoi ce jour-là je ne la vis pas comme j'avais l'habitude de la voir depuis près de six ans. Une malade comme les autres. Une femme atteinte d'un cancer au milieu de la multitude des femmes atteintes de cancer que je suivais en consultation. Non, j'en ai encore le souvenir aigu dans ma mémoire : ce jour-là, c'est une femme que je vis entrer dans mon bureau. Une vraie femme.

Nous étions un jeudi après-midi, jour de ma consultation. Il devait être dix-neuf heures. J'étais épuisé par tous les drames que l'exercice de mon métier m'obligeait à endurer.

Une longue journée de consultations.

Vous n'imaginez pas la frustration, la souffrance même, d'être le spectateur, le plus souvent impuissant, de toutes ces vies qui s'éteignent doucement, rongées par le cancer. A partager ces histoires de vies bouleversées, d'espoirs brisés sur les ultimes échecs des chimiothérapies inefficaces.

Rien, ce jour-là, n'aurait dû distinguer Sophie de tous les autres patients que j'avais vus avant elle. Rien.

Rien, sauf que ce jour-là, étrangement, je ne la vis pas entrer dans mon cabinet comme une malade.

Un frisson me parcourut le corps lorsqu'elle vint s'asseoir face à moi. Comment était-ce possible ? Comment avais-je pu la voir si souvent et ne jamais me rendre compte de sa beauté ? Malgré tous mes efforts, je restai incapable de me souvenir de la couleur de ses cheveux avant la chimio, six ans plus tôt. Elle avait dû être blonde. Mais là, elle était chauve. Plus un cheveu sur le crâne, plus un poil dans ses sourcils dessinés à présent au crayon, plus un cil même. Elle était plus que chauve. Elle était imberbe !

Vous ne le croirez pas, je le sais, mais elle était pourtant superbe. C'est un véritable rayon de soleil qui entra dans mon bureau lorsque je l'appelai, penchant ma tête dans le couloir : Sophie Mancel.

Ses trente-neuf ans avaient beau avoir été abîmés par toutes les épreuves que ses cinq rechutes précédentes lui avaient fait subir, elle entra, me serra la main avec un sourire un peu malicieux, s'assit en face de moi, et je la vis enfin telle qu'elle était : merveilleusement belle !

Bien sûr, je me retins de lui montrer quoi que ce soit – éthique médicale oblige ! Mais en y repensant aujourd'hui, je me demande si, d'une manière presque imperceptible, d'un regard inhabituel, elle ne me fit pas comprendre qu'elle s'en était rendu compte.

Notre entretien commença d'une manière très conventionnelle.

– Bonjour, docteur.

– Bonjour, madame Mancel. Ça me fait plaisir de vous revoir.

C'est là, je crois, qu'elle me lança ce regard un peu ambigu, qui répondait à l'ambiguïté de mes pensées. Elle me tendit une grande enveloppe blanche.

– Ah, vous avez fait votre scanner ?... Bien.

Elle croisa ses jambes, accentuant ma gêne.

– Le radiologue n'a rien voulu me dire.

– Normal, madame Mancel, son boulot c'est de faire les radios. Pas de les commenter. Imaginez qu'il ait une mauvaise nouvelle à annoncer. Pas facile quand on ne connaît pas vraiment la personne qu'on a en face de soi. Et moi, en plus, je servirais à quoi ?

– D'accord, mais quand les nouvelles sont bonnes, il ne s'en prive pas.

– Tenez, passez à côté et déshabillez-vous.

Avec l'habitude que l'on a, après six années de consultation, elle alla se déshabiller et revint s'asseoir sur le lit d'examen vêtue seulement d'un petit slip et d'une paire de chaussettes. Je sentais son regard dans mon dos pendant que je lisais les clichés de son scanner sur mon négatoscope. Elle dut se rendre compte de mon embarras.

– C'est pas bon, n'est-ce pas ?

– Madame Mancel, il y a un petit problème...

Elle hurla presque.

– Ne me dites pas qu'il y a une nouvelle rechute !

Je me tournai vers elle et lui serrai les épaules. Elle était plus que bouleversée. Elle était comme déjà morte. Le sang s'était retiré de son visage. Pour la première fois en six ans, je ne l'appelai plus « Madame Mancel ».

– Sophie, il va falloir se battre.

Elle planta ses yeux incroyablement verts dans les miens, de manière que je n'aie aucun doute sur sa détermination. L'intensité de son regard me mit mal à l'aise. Je sentais quelque chose grandir en moi, un sentiment encore fragile, encore incertain, mais dont la puissance balayait mon esprit comme une énorme vague de fond. Mon cœur battait la chamade. J'avais peur. Peur de lâcher le fil ténu de cet amour naissant. Il fallait que je trouve les mots, les mots justes, pour ne pas la perdre, pour l'empêcher de prendre la mauvaise décision. Celle qui casserait ce fil à tout jamais.

Mais mon esprit était paralysé par ce flot d'amour qui grandissait en moi. Je ne trouvais aucun mot assez fort pour m'opposer à sa détermination.

C'est elle qui parla la première et les mots qu'elle prononça finirent de m'achever :

– Je ne recommencerai pas une nouvelle chimio. Ne comptez pas sur moi !

Mon cœur battit encore plus fort. Je vacillai sous les coups que chacun de ces mots me portait. Mes mains, tout à coup autonomes, se mirent à caresser ses épaules, remontant sur sa nuque. Comme si j'étais inconscient, comme si ma volonté n'y pouvait rien. C'était plus fort que moi. Je la sentis au bord des larmes. Ce fut trop douloureux pour moi.

– Ne dites pas ça. Au lieu de penser aux cinq rechutes, il faut regarder les cinq rémissions que nous avons obtenues. Vous n'avez pas le droit de ne pas y croire...

Repoussant mes bras, furieuse au-delà de tout, elle sauta du lit d'examen, et, debout face à moi, pointant un doigt menaçant, elle hurla :

– Le droit ! Mais c'est vous qui n'avez pas le droit de me faire la morale ! Qu'est-ce que vous savez des nausées que l'on ressent quand la chimio coule dans vos veines ? Des douleurs qui vous tordent le ventre ? Du dégoût qui vous envahit à la vue de la moindre nourriture ? Est-ce que vous savez ce qu'est ma vie, après, à la maison ? Cette souffrance, qui dure des jours et des jours et qui n'en finit pas ? Est-ce que vous savez ce que ça fait de ne rien pouvoir avaler, pas même de l'eau ? Est-ce que vous savez ce que ça fait d'avoir le bout des doigts complètement insensible, de ne même plus pouvoir écrire, de ne même plus pouvoir ouvrir les boîtes de ses propres médicaments ? Qu'est-ce que vous savez de l'incroyable épuisement qui fait que je n'ai même plus la force d'embrasser mon fils quand il rentre de l'école ? Des angoisses qui vous prennent la nuit ? Et cette foutue solitude ! Est-ce que vous vous souvenez de la jeune femme que j'étais quand je suis entrée dans ce bureau pour la première fois, il y a six ans ? J'ai quel âge aujourd'hui ?

Elle éclata en sanglots.

– Je ne sais même plus qui je suis...

Je sentis mes yeux se remplir de larmes.

– Allez... Je vous en prie, Sophie.

Je n'arrivais plus à garder la distance nécessaire. J'étais touché au plus profond de moi. De moi, qui ? L'homme, Samuel, ou le docteur Sibony ? Je n'arrivais plus à aligner deux pensées cohérentes. Ses propos, son regard me bouleversaient. Etait-elle encore ma patiente ou simplement cette femme que, incroyablement, je commençais à aimer ?

– Excusez-moi, dit-elle, je suis... épuisée. Je n'ai même pas encore récupéré de ma dernière série de chimio.

Elle prit sa perruque dans son sac et, s'approchant du miroir au-dessus du lave-mains, elle essuya ses yeux, la remit en place et revint s'allonger sur le lit d'examen avec cette démarche silencieuse que peuvent avoir les victimes presque déjà consentantes.

– J'ai peur, docteur... Qu'est-ce qu'il raconte ce scanner ?

Un silence. Elle reprit, me regardant avec douceur :

– Je ne voulais pas être méchante. Pas avec vous. Je sais bien que si je suis encore en vie, c'est grâce à vous. Chaque jour que vous m'avez fait gagner, j'ai pu voir mon fils grandir. Paul a maintenant neuf ans. Il est super, vous savez. Un vrai petit homme.

– Ne vous en faites pas. Ce n'est rien, je comprends parfaitement. Asseyez-vous au bord du lit, je vais vous examiner.

Je palpai ses seins puis ses aisselles, cherchant des ganglions.

– Vous sentez quelque chose ?

J'essayai d'alléger l'atmosphère.

– Oui. Votre parfum : L'Heure Bleue de Guerlain... Vous m'enivrez !

J'allai me laver les mains. Sophie, livide, ne me quittait pas des yeux.

– Bien, vous pouvez vous rhabiller... Sophie, le scanner montre la présence de ganglions. On les sent sous les doigts. C'est pour ça que vous avez eu mal quand j'ai palpé votre aisselle, là.

– On n'a qu'à les enlever comme la dernière fois !

Je lui expliquai que ça n'était pas possible cette fois car les ganglions envahis descendaient jusque dans les poumons.

Elle me supplia de ne plus lui faire de chimiothérapie. Mais avais-je le choix ? Je lui avais déjà administré tous les traitements hormonaux, elle avait déjà subi des rayons et la chirurgie n'était pas possible.

– Heureusement, il reste peut-être une chimio que je ne vous ai pas encore donnée.

– Qu'est-ce qu'elle provoque comme effets secondaires celle-là ?

Pas vraiment un truc léger, mais honnêtement, on n'avait plus le choix. Elle me répondit que j'avais tort et qu'on avait toujours le choix de ne plus se battre.

– Ah non, pas vous ! Depuis six ans, je n'ai jamais rencontré une femme aussi courageuse. Vous êtes intelligente, belle...

Sophie, émue, me prit dans ses bras et me serra très fort. Je ne savais que penser. S'accrochait-elle à moi comme un noyé s'accroche à un bout de bois qui flotte ? Ou avait-elle senti ce qui naissait en moi et qui, chaque minute davantage, me bouleversait ? A mon tour, je la serrai avec force, nos corps n'arrivaient plus à se détacher. Ses yeux exprimaient un étrange mélange de douceur et de surprise dont l'action sur moi faisait subitement disparaître tout ce qui avait constitué les repères de ma vie. Etais-je encore son médecin ? Etait-elle toujours ma patiente ? Ou étions-nous simplement devenus un homme et une femme qui s'aiment ? Qui s'aiment malgré la mort qui les entoure, qui les menace et qui se prépare à les emporter dans les flots d'un torrent de chagrin ?

Il y avait aussi une pointe d'interrogation dans son regard, comme si elle se demandait s'ils avaient le droit de vivre cet instant. Ou peut-être qu'il arrivait trop tard pour le vivre encore ? Je ne sais pas.

– C'est gentil, docteur. C'est la première fois qu'un homme fait semblant d'être amoureux de moi... pour me sauver la vie. Ça fait si longtemps que je n'avais pas eu l'impression d'exister dans le regard d'un homme.

Puis elle me murmura à l'oreille une phrase qui me laissa coi !

– Je vous préviens, docteur : si je m'en sors, je vous viole !

Je me dis que j'avais eu raison de choisir ce métier et, avec beaucoup de tendresse, nous nous embrassâmes pour la première fois.

Jamais je n'oublierai ce baiser. Ce premier baiser. Je ne pourrais vous dire combien de tendresse, de chaleur, de désir et d'amour nous échangeâmes à cet instant. J'aurais aimé qu'il dure toute l'éternité. Mais l'éternité fut réduite à ces quelques secondes que nous volâmes à la terrible réalité.

– Comment s'appelle ma dernière chance ?

Elle avait pris l'habitude de noter sur un petit carnet les noms de tous les médicaments qu'elle avait reçus. Elle nota donc le traitement que je lui proposais, du Taxotère.

Je la vis feuilleter les pages de son carnet, et subitement ses gestes devinrent frénétiques.

– Mais non ! Ce n'est pas vrai ! Je l'ai déjà eu celui-là. Au tout début. J'ai fait un choc allergique. Regardez. J'ai failli en mourir. Je ne peux absolument pas recevoir ce produit.

Je me mis, moi aussi, à fouiller dans son dossier médical. Il était énorme. Imaginez, six ans de traitements, d'examens de toutes sortes, de notes et de commentaires. Plusieurs centaines de pages. Je trouvai effectivement le rapport de ce choc allergique au Taxotère survenu au tout début de sa maladie.

– Merde !

Je dois avouer que c'est tout ce que je fus capable de dire !

Elle se leva, renversant son siège.

– Ça suffit ! Ça suffit à la fin, cria-t-elle.

J'essayai de la calmer mais rien n'y fit.

– Je ne veux plus de faux espoirs ! Soyez franc : il me reste combien de temps ?

Comment répondre à cette question ? Comment lui répondre, à elle ? A cet instant précis où je découvrais combien, en réalité, je l'aimais ? Comment lui dire cette vérité que moi-même je ne pouvais accepter ? Des sensations, des images traversaient mes pensées dans tous les sens, bousculant mon passé, anéantissant mon présent. Si j'avais su... Si je pouvais... Si seulement... Tellement de si, de questions, de regrets ! Et tellement de peur, de panique à l'idée de lui dire la vérité !

Je lui affirmai que tant qu'on n'avait pas tout essayé, on avait le devoir de garder l'espoir, mais elle exhiba une nouvelle fois son fameux carnet devant mes yeux.

– Vous voyez bien qu'on a tout essayé ! Alors, ne me mentez plus. Combien de temps me reste-t-il à vivre ?

Pendant les quelques minutes que dura encore cette consultation, je réussis à ne pas répondre à sa question. Je n'arrivais pas à lui dire qu'elle serait morte dans trois ou quatre mois au maximum.

Au moment de la raccompagner à la porte en lui donnant rendez-vous dans quelques jours – le temps de faire un bilan complet –, je lui fis la promesse que je trouverais un autre traitement. Je refermai la porte et m'effondrai dans mon fauteuil, complètement sonné. Je ne pouvais me résoudre à l'idée de laisser mourir cette femme merveilleuse de beauté et de courage dont je venais, contre toute attente, alors que rien ne m'y prédestinait, de tomber amoureux.

Chapitre II

Pour comprendre ce qui se passa par la suite et qui tient essentiellement à la personnalité très particulière de mon patron, le professeur Henri Lacombe, et à la nature de nos rapports, il faut que nous remontions dix ans en arrière.

Au moment où je fis sa connaissance, ce 1er septembre 1983, il faisait encore beau. Je m'en souviens car j'arrivais de Marseille et la seule chose qui m'angoissait à l'idée de venir vivre à Paris était de ne plus voir aussi souvent le soleil !

Il y eut un drôle de quiproquo ce jour-là. Lacombe n'avait à cette époque qu'une seule assistante, Donya. D'origine iranienne, mère d'un petit garçon de trois ans, elle parlait le français avec un accent indescriptible dont elle tâchait de se défaire en suivant des cours de français, le soir, à l'Alliance française. Elle avait quitté l'Iran presque clandestinement, plus pour se débarrasser d'un mari jaloux et violent que du fait de la révolution islamique. Quoi qu'il en soit, sa situation en France était des plus précaires et, bien qu'intelligente et drôle, elle était totalement sous la dépendance de Lacombe qui ne se gênait en rien pour l'exploiter.

Lorsque la surveillante de service la prévint que le nouvel interne venait d'arriver et qu'il montait dans les bureaux se présenter au patron, elle se précipita chez Lacombe, heureuse de lui apporter la bonne nouvelle : un interne avait enfin décidé de rejoindre l'équipe et allait pouvoir partager avec elle la charge de travail.

Mais quand Lacombe, toujours aussi prétentieux, apprit que je venais de province et, pis, que j'étais un « pied-noir », il ne put s'empêcher de lancer l'une de ces plaisanteries qu'il croyait drôles et qui, en fait, le rendaient si antipathique.

– Le Moyen-Orient, le Maghreb... C'est fou ce que l'on voyage quand on fait de la médecine ! Ecoute, Donya, je n'ai rien contre les étrangers, tu le sais bien. Je constate simplement que quand un corps de métier est envahi par la main-d'œuvre étrangère, c'est que ses conditions de travail se dégradent... Il n'y a qu'à voir les chauffeurs de taxi. Pas d'accord ?

– Je ne sais pas, monsieur, lui répondit Donya avec cette malice qui n'appartenait qu'à elle. Avec ce que vous me payez, je prends le métro, moi !

Gêné, Lacombe ne sut que répondre.

Ainsi se passait la vie de ces deux-là, entre complicité et mépris, entre affection et haine.

Ils faisaient équipe bon gré mal gré, face au cancer qui leur rappelait chaque jour leur impuissance et leur insignifiance. Face aussi à l'opprobre de la communauté médicale qui ne leur avait jamais pardonné la prétention et l'arrogance de Lacombe.

Ce 1er septembre, le professeur avait rendez-vous avec un journaliste pour une interview et cela provoquait évidemment son enthousiasme. Des années qu'il n'avait plus eu le moindre contact avec un quelconque média. Il demanda donc à Donya de recevoir le nouvel interne – moi – et alla chercher le journaliste qu'il croyait perdu dans les étages.

J'entrai dans le labo, essoufflé d'avoir monté en courant les quatre étages. Donya me reçut très chaleureusement et nous discutâmes un long moment de mon parcours. Naissance en Tunisie, immigration à Marseille vers cinq ou six ans, parents simples commerçants. Des études de médecine à la faculté de Marseille et le concours d'internat des Hôpitaux de Paris. Ce fameux concours si difficile, si disputé. Ce rêve auquel si peu d'étudiants de province parvenaient à accéder. Encore plus en sortant d'une petite faculté comme celle de Marseille !

Et puis, une fois nommé IHP [1], ce choix incompréhensible de rejoindre l'équipe de Lacombe dès ma prise de fonction. Elle n'en revenait pas. Malgré mon très bon classement qui me permettait d'aller vraiment où je voulais. N'importe où ! Elle n'en revenait pas. Elle fut on ne peut plus franche en

1. Interne des Hôpitaux de Paris.

m'informant de la triste situation du service dans lequel je débarquais.

Elle se tordit de rire quand elle comprit que j'en étais resté aux cris de victoire de Lacombe quelques années plus tôt et que je n'avais en fait rien su du décès des fameux patients qu'il était censé avoir guéris.

– Eh oui, mon cher Samuel, le service Lacombe, depuis, est surtout une voie de garage !

Avec une équipe réduite à Lacombe et deux autres médecins, la quantité de travail que j'allais devoir assumer me semblait insurmontable ! Rendez-vous compte : visite en salle tous les matins, contre-visite un après-midi sur deux, consultations trois fois par semaine et astreinte un week-end sur deux.

Décidément, on m'avait prévenu que les Parisiens étaient un peu « fadas » mais là, franchement, je ne savais plus que penser.

Si. En fait, il y a bien une chose à laquelle je n'arrêtais pas de penser : quelle folie m'avait pris de choisir ce service de cancérologie !

Donya me laissa dans le labo. Ses consultations l'attendaient.

Je ne restai pas seul très longtemps. Lacombe entra, cherchant manifestement quelqu'un.

– Ah ! Vous êtes là ! Je croyais qu'on vous avait aiguillé vers mon bureau.

Un peu gêné par une entrée en matière aussi brutale, je ne sus que répondre. Il me tendit la main.

– Professeur Lacombe... Asseyez-vous, je vous en prie.

Me désignant un siège, il m'incita à me mettre à l'aise.

Il semblait vraiment content de me rencontrer, et je lui exprimai en retour mon propre bonheur d'être là :

– Moi aussi, ça faisait longtemps que j'attendais ce moment.

– C'est gentil. Vous avez trouvé facilement ?

Nous dissertâmes un moment sur les dimensions de l'hôpital Saint-Jean-de-Dieu. Imaginez ! Plus de trente hectares. Plus de mille cinq cents médecins, deux mille cinq cents lits, sept mille infirmiers et personnels soignants, soixante-trois services et près de cent quatre-vingts professeurs. J'avais presque

presque le tournis à l'évocation de tous ces chiffres qui faisaient de mon hôpital d'origine, la Timone à Marseille, un ridicule petit hôpital de province.

– On m'a dit qu'il y avait sept lits dans votre service.

J'avais dû dire une bêtise car Lacombe devint tout rouge et détourna son regard.

– Oui, enfin, le nombre n'a aucune importance ; ce qui compte, c'est la... spécificité.

Il m'expliqua avec force détails, me tendant d'ailleurs un bloc de papier et un stylo pour prendre des notes, que son service était certes tout petit mais qu'il était très spécialisé dans la recherche clinique et les approches expérimentales.

Je le rassurai :

– C'est pour ça que je suis là, monsieur. Les services classiques ne m'intéressent pas.

Cette remarque lui fit plaisir. Je n'en revenais pas de la vitesse avec laquelle il passait d'un air bougon et agressif à une attitude souriante. Il se leva et alla vers une étagère. Il prit une Thermos et me proposa un café.

– Un petit biscuit avec ?

Et avant même que j'aie pu réagir :

– Fait maison. Ma femme est une excellente cuisinière.

Un biscuit dans une main, une tasse de café dans l'autre, mes affaires, mon CV et le bloc de papier à mes pieds, je regardais Lacombe s'agitant dans tous les sens, cherchant un document au milieu du désordre qui régnait sur les paillasses du labo. Il revint s'asseoir devant moi, feuilletant le document qu'il venait de trouver, et me dit d'un ton brusque :

– J'imagine que vous avez des questions. Je suis prêt.

Alors là, la conversation prenait un sens plutôt étrange. Attendez, comprenez-moi. J'étais venu me présenter à mon nouveau patron, un grand mandarin dont tout le monde m'avait prévenu qu'il avait un caractère de cochon. Et je me retrouvais assis en face de lui, avec café et biscuits maison, et au lieu de me questionner sur mon parcours, c'était lui qui attendait que je l'interroge ! Bon. Eh bien, puisque c'était son désir !

– Des questions ? Oui... une, pour moi surtout. Est-ce que vous pensez que l'hyperexpression de l'oncogène HER2 peut – ou pourrait – avoir un rôle pronostic dans les cancers du sein de la femme, mais... avant la ménopause ?

C'était en fait le sujet de ma thèse. Je venais de la présenter à la faculté de Marseille avant de partir pour Paris. Tant qu'à demander quelque chose à un aussi grand cancérologue, je me dis qu'après tout, j'aurais bien aimé avoir son avis sur le sujet. Je levai les yeux vers lui.

Une expression d'étonnement assez considérable apparut sur son visage :

– J'espérais que vous aviez quelques compétences en médecine, mais là, ça dépasse toutes mes espérances. Vous êtes carrément très pointu !

– Merci, monsieur.

Je ne sais pourquoi, mais j'étais gêné par ce compliment avec l'impression bizarre qu'il ne m'était pas destiné.

– Arrêtez de me remercier tout le temps ! Détendez-vous, bon sang ! Alors, on la commence notre petite interview ?

– Je suis à votre disposition.

– C'est pour quel journal déjà ?

Et voilà ! Nous y étions ! Il y avait erreur sur la personne. Un malentendu, et ceci expliquait cela.

– Excusez-moi, monsieur, mais ce n'est pas pour un journal que je suis là. Je suis votre nouvel interne : Samuel Sibony.

Vous décrire sa colère est impossible. Il se leva si brutalement qu'il renversa sa chaise et fit tomber ma tasse de café sur mon CV. Il projeta d'un revers de main tous les papiers de la paillasse à sa droite. Les yeux injectés de sang, la pression artérielle manifestement au plus haut, il éructa :

– Espèce de petit con ! Tu ne pouvais pas le dire plus tôt ? Ça t'amuse de te foutre de ma gueule ?

J'essayais en vain de placer un mot :

– Mais, monsieur...

– Tu crois que tu es ici pour faire le guignol ?

Je tentai un autre « mais ».

Il tapa de sa main à plat sur la paillasse, si fort qu'il fit trembler les éprouvettes et le microscope qui se trouvaient à l'autre bout.

– Taisez-vous maintenant ! Vous en avez assez fait comme ça ! Vous vous croyez peut-être dans un salon de thé à boire un petit café ? Et puis d'abord levez-vous ! Quand on se présente à son chef de service, c'est la moindre des choses.

Je vous jure que je ne savais plus où me mettre. J'aurais aimé devenir transparent. Ou n'avoir jamais existé. Il me dévisagea en silence.

– Vous venez de Marseille, c'est ça ?

Je hochai la tête.

– Qu'est-ce qui vous a pris de vous présenter au concours de l'internat de Paris ? Et vous croyez qu'une fois nommé, vous allez réussir à Paris ? Je vous préviens, ce n'est pas le même niveau !

– Je rêvais d'être dans votre service, monsieur.

Son regard changea encore d'expression. Il semblait surpris par ma réponse.

Il cherchait comment reprendre la parole quand Donya entra et annonça à Lacombe qu'on venait de trouver le journaliste qu'il attendait et qu'on l'avait conduit dans son bureau. Il regarda Donya, puis moi, et sortit de la pièce.

Au moment de passer la porte, il se retourna vers moi et me dit sur un ton cassant :

– Au fait, dans mon service, on porte une cravate, monsieur Sibony.

Et il sortit !

Donya vit le café renversé par terre. Je sortis mon mouchoir et entrepris de nettoyer les dégâts.

– Je vois que vous avez rencontré le patron. Je vais être jalouse ! A moi, il ne m'a jamais offert de café !

– A moi non plus.

Elle éclata de rire et, malgré la tension des derniers instants, je ne pus m'empêcher d'en faire autant. Je me demandais comment j'allais pouvoir travailler avec un fou pareil, un type aussi désagréable...

Chapitre III

110 jours avant sa mort

Dix ans plus tard, j'étais encore là, à ses côtés. Ne me demandez pas comment ni pourquoi je suis resté auprès de ce fou furieux, mégalomane et égocentrique. Je n'arriverais pas à vous l'expliquer de façon rationnelle.

Il était tyrannique, imprévisible, si acharné au travail que sa femme avait fini par le quitter trois ans plus tôt. Il était habité par l'idée de revanche. Par cette envie de montrer qu'il avait raison en pensant qu'un traitement enfin efficace contre le cancer était à portée de main. On sentait comme un feu intérieur qui brûlait en lui et le consumait à toute vitesse. Rien ne semblait pouvoir le calmer, le contrôler.

Il fonçait, il essayait, il improvisait aussi bien dans ses recherches qu'avec ses malades. Il en voulait au cancer de lui avoir tout pris : ses malades, ses espoirs, et son honneur. Mais ne croyez pas que ces dix ans furent désagréables. Ils furent épuisants, c'est vrai. Mais pas désagréables.

Le service ne décollait pas dans le paysage de la cancérologie française et, de ce fait, il restait aussi peu attractif qu'à l'époque où je l'avais rejoint. Pas d'interne. Pas d'autres assistants. Toujours Donya et moi, comme deux pauvres abrutis, croulant sous le labeur, les astreintes, les consultations et les recherches.

Ma femme m'en voulait de la délaisser ainsi. Sarah et moi n'avions toujours pas d'enfant et je commençais à penser que c'était sans doute une bonne chose. Nous approchions du divorce, une séparation sans haine mais, je peux vous le dire, sans amour non plus. Il s'était perdu petit à petit dans mes nuits de garde, dans la fatigue, la tension, le désespoir que Sarah n'arrivait plus à partager avec moi.

Je passais bien souvent mes nuits à l'hôpital, dormant sur un canapé que j'avais installé dans mon bureau, prétextant une expérience à finir, un article urgent à écrire ou des souris à surveiller.

Je n'étais plus « chez moi » à la maison. Lacombe, le cancer, les malades, finalement tout ça avait édifié un mur autour de moi, m'isolant du monde et de tous ceux qui n'étaient pas directement sur le champ de bataille avec nous. Tous ceux qui ne voyaient pas la mort, qui ne la sentaient pas, qui ne la respiraient pas. Tous ces gens qui croient que la vie est forcément belle, qu'elle va durer toujours. Pour nous, la mort était notre quotidien, notre combat, notre engagement. Elle était si présente qu'elle nous collait à la peau.

Nous n'étions bien qu'entre nous, la mort avait fini par nous rapprocher. Réfléchissez, plus personne ne voit la mort aujourd'hui. Elle reste pour la plupart d'entre vous un concept, quelque chose de théorique. Une absence. Un regret. Mais elle n'a pas de visage, d'odeur pour ceux qui ne l'ont jamais vraiment croisée physiquement.

Quand les soldats revenaient du front, de la guerre, ils avaient l'impression d'être incompris et, finalement, ne pouvaient plus parler qu'entre eux. Qu'entre ceux qui avaient partagé cette même expérience.

Eh bien, c'était la même chose qui se produisait chez nous ! Quelque part, nous étions des soldats et notre guerre à nous s'appelait le cancer. Et notre ennemi tuait tant de nos semblables, de ces malades dont nous avions la charge, que nous n'étions plus accessibles au monde des gens simplement heureux. Nous étions enfermés, emmurés dans cette terrible et terrifiante expérience de la mort qui gagne, qui gagne presque chaque fois, et qui marque votre vie et votre esprit au fer rouge, douloureusement, et de manière irréversible.

Sarah n'était pas dans ce monde-là. Je la quittais doucement et cherchais de petits instants de plaisir dans les bras accueillants de quelques infirmières, ou, le plus souvent, dans ceux, exotiques et chaleureux, de Donya.

Au fond, et c'est certainement la raison pour laquelle je suis resté toutes ces années auprès de lui, Lacombe m'avait contaminé avec son virus insatiable et déterminé. Chaque jour davantage, je devenais sa copie en plus jeune et je ne vivais plus que pour vaincre cette sale maladie.

Mais j'avais beau lui ressembler, il se débrouillait toujours pour être encore plus fou que ce que l'on croyait.

Un jour, alors que j'étais en train de dicter des comptes rendus d'hospitalisation, il entra comme une furie dans mon bureau, me tendant une liasse de documents.

– Regarde !

J'étudiai les résultats que Lacombe venait d'apporter avec attention. Je n'en revenais pas !

– C'est pas possible !

– Si ! Pas une seule de ces saloperies de cellules n'a résisté ! Pas une ! Tu te rends compte. Toutes mortes, flinguées, détruites !

Ce qu'il me montrait était incroyable.

Pour que vous compreniez vraiment, il faut que je vous explique ce dont il s'agissait.

En cancérologie, pour chercher des produits capables de devenir de véritables médicaments, il faut d'abord tester ces molécules sur des cellules cancéreuses que l'on cultive dans de petites boîtes. Ces boîtes sont remplies de liquide nutritif dont ont besoin les cellules pour proliférer. Et, en situation normale, c'est ce qu'elles font. Une cellule en donne deux, puis quatre, huit, seize, trente-deux, soixante-quatre, cent vingt-huit, et ainsi de suite. Elles se multiplient à l'infini ou, en tout cas, tant qu'il y a assez de liquide nutritif et d'espace dans la boîte.

Pour voir si un produit est assez efficace pour empêcher ces cellules malignes de proliférer, voire, mieux, pour les tuer, il suffit de mettre quelques milligrammes de ce produit dans le liquide nutritif et d'observer ce qui se passe. Si le produit est actif, les cellules vont rapidement mourir. Dans le cas contraire, elles continueront de proliférer comme si de rien n'était.

Je vous jure que j'étais vraiment impressionné par les résultats que j'avais entre les mains. Toutes les cellules cancéreuses que nous avions mises en culture quelques jours auparavant étaient mortes. En tout cas, pratiquement toutes, car certaines cellules provenant d'un cancer du pancréas avaient continué de proliférer sans se soucier du produit que nous avions placé dans leur milieu.

C'était tout bonnement incroyable pour qui sait combien il est difficile et surtout rare d'obtenir un tel niveau d'efficacité, mais enfin, ce que j'avais entre les mains indiquait que nous avions là un produit phénoménal !

Lacombe était au sommet de l'excitation :

– Le S1203, presque cent pour cent d'efficacité ! J'ai vérifié et revérifié ! Je n'en croyais pas mes yeux... C'est... extraordinaire. Il se mit à danser devant moi.

– Mon petit Samuel, c'est génial ! Non ?

Il vit mon regard qui passait en revue les résultats, allant d'un enthousiasme délirant à une fureur totale en moins d'une seconde :

– Qu'est-ce qu'il y a ? Qu'est-ce qu'il y a ? Je te prouve qu'on a mis le doigt sur un traitement d'enfer au 1 203e coup et toi, tu...

– Non, c'est pas ça...

– Non, c'est pas ça, mais quoi ? Oh, je te connais, va ! Toujours prudent, rigoureux... Mais là, je te dis que c'est extraordinaire, merde ! Tu oses mettre en doute mes compétences ?

– Avec tout le respect que je vous dois, pêcher une truite à la main dans un aquarium c'est facile... L'attraper en pleine rivière, c'est peut-être plus dur, non ?

Je croyais qu'il était déjà au summum de sa fureur mais non, il monta encore d'un cran :

– Mais qu'est-ce que tu me fais chier avec tes putains de truites ! Tu crois que c'est facile de tuer toutes ces cellules cancéreuses – et je te rappelle qu'on a mis en culture les plus agressives, hein ? – dans des boîtes de Pietri [1] ?

J'essayais de le calmer mais rien n'y faisait. Il était persuadé d'avoir découvert LE traitement du cancer et ne voulait pas en démordre.

– Et puis, y en a marre ! Je te dis que c'est le truc le plus dingue qu'on ait jamais vu, alors tu vas pas m'emmerder avec tes doutes et tes précautions, on y va !

– Quoi, on y va ?

1. Nom donné aux boîtes de cultures cellulaires.

– On y va, point ! On traite notre premier malade !

– Mais... Mais vous êtes fou ! Complètement fou ! C'est pas parce que le S1203 marche sur des cellules en culture qu'il va pouvoir être administré à un être humain. Vous pensez pas que vous allez un peu vite ? Je vous signale que la loi vous interdit de faire ça !

– Tu m'emmerdes, je te dis ! Tu me fais chier avec ta loi ! Je fais ce que je veux et j'emmerde le monde entier ! C'est clair, ça ?

Rien ne semblait pouvoir l'arrêter. Même pas le risque de tuer un malade. Même pas le risque d'aller en prison si le S1203 se révélait trop toxique.

Remarquez, pour un cancérologue, finir en cellule...

– Ecoute, Samuel, imagine que tu découvres un projet d'attentat, que t'es flic et que tu tiens le terroriste. Tu fais tout pour le faire parler, y compris des choses pas très... régulières ? Ou tu le fais mettre en examen et tu prends le risque qu'il soit trop tard et que des dizaines, des centaines d'innocents meurent à cause de ça ?

Non mais... vous voyez l'argument? Qu'est-ce que vous auriez répondu, vous? Bien sûr que dans certains cas... Mais, dans la vraie vie, aurait-on le droit de faire courir des risques aussi grands à des malades aussi fragiles, aussi désespérés, aussi vulnérables? Je trouvai vingt raisons valables pour essayer de le ramener à la raison. Il ne nous suffisait que de quelques mois, cinq ou six, au maximum. Juste le temps de vérifier la toxicité chez le singe.

– Monsieur, on doit continuer encore nos recherches avant de passer chez l'homme. Je vous en conjure! On doit voir si les singes supportent le S1203. Sinon, on risque que notre fameux traitement miraculeux tue notre premier malade en même temps que sa maladie...

Ce que je dis le rendit encore plus enragé!

– T'as fini avec tes allusions? On va pas me rabâcher cette histoire toute ma vie! Ces malades étaient tous foutus, de toute façon! J'ai essayé... j'ai échoué. Je n'ai rien à me reprocher. Ma seule erreur a été de crier victoire trop tôt. Là, Samuel, ça n'a rien à voir, rien!

– Mais on ne peut ainsi mettre en danger les malades.

– Si ! S'il n'y a rien d'autre à faire, si on y croit, on a au contraire le devoir d'agir !

Rien à faire ! Je lui expliquai, le plus calmement possible, que, face à un malade en fin de vie, le devoir d'un médecin était davantage de le laisser vivre tranquille les dernières semaines qui lui restent avec sa femme et ses gosses, plutôt que de prendre le risque de le tuer en se servant de lui comme d'un cobaye !

– Si ce traitement ne marche pas sur lui, ce malade nous permet d'apprendre quelque chose et d'avancer, de marquer des points contre cette saloperie. En se sacrifiant, ce malade contribue à ce qu'un jour, la victoire soit enfin de notre côté !

– Vous êtes fou ! Je vous en supplie, ne faites pas ça ! Attendez le temps que nous en sachions plus sur la toxicité chez les chimpanzés...

Il m'interrompit brutalement et, mettant fin à notre conversation, il hurla :

– Si on échoue, tu t'en remettras vite en te disant que de toute façon, ces malades étaient perdus... Mais si ça marche – et je t'affirme que ça va marcher – tu culpabiliseras ta vie entière en pensant à tous ceux que tu aurais pu sauver si tu avais été un peu plus audacieux. Mon petit Samuel... tu es nul. Va te faire foutre !

Il sortit en claquant la porte.

Je restai de longues minutes incapable de reprendre le cours de mon travail.

En dehors de la brutalité de ses propos, Lacombe soulevait des questions fondamentales sur le sens de l'acte médical. Ce qui est rare est cher et quand un malade n'a plus que quelques mois à vivre, avons-nous le droit de prendre le risque de le tuer prématurément, de lui voler sa vie pour faire avancer la recherche ? Le temps qui lui reste, si court et si précieux, peut-on lui demander de nous le donner ainsi ?

Mais, si la réponse est non, alors comment ferons-nous pour tester nos nouveaux médicaments que tant de milliers et de milliers de malades en détresse attendent désespérément ?

Prendre volontairement le risque de faire du mal au lieu de soulager, de détruire une vie au lieu de la prolonger, tout cela était contraire aux idéaux qui m'avaient poussé à faire médecine et, plus tard, à devenir cancérologue. Non, vraiment, j'avais jusque-là eu le sentiment que ma vie tout entière ne trouvait son sens que dans cette compassion, cet engagement aux côtés de ceux que la maladie, dans sa forme la plus horrible, menaçait de mort. J'étais là pour les défendre. Et ce que me proposait Lacombe était de prendre le risque de les tuer !

Toutes ces questions me hantaient depuis longtemps, et je mis un long moment avant de pouvoir sortir de mon bureau et commencer la visite du service.

Chapitre IV

Toujours 110 jours avant sa mort

Les chemins que prend la vie pour vous amener vers votre destin sont parfois étranges.

Je m'étais fait engueuler par Lacombe en début d'après-midi à cause de ma réticence à commencer directement les essais du S1203 chez l'homme, sans attendre les résultats de l'étude de sa tolérance chez le singe, et cette altercation m'avait pourri tout le restant de la journée. Comprenez-moi. J'étais conscient naturellement de l'urgence à découvrir un traitement enfin efficace contre le cancer. Je ne la ressentais pas moins que lui. Elle s'était forgée au contact de tous ces patients que j'avais croisés, dont le cancer, sans la moindre pitié, avait bousculé le destin, transformant le temps qui leur restait en un chemin de souffrance. Tous ces individus, beaux ou laids, intelligents ou pas, sympathiques ou non, qu'importe pour la mort, tous ces individus qui avaient disparu et dont les visages, les voix hantaient à jamais mon esprit sans repos.

Vous croyez vraiment que vivre ces échecs, tous ces échecs, peut être anodin pour nous ? Se battre pour la vie des autres, cette vie – la leur – qu'ils vous ont confiée, et perdre si souvent face au cancer peut-il vous laisser indemne ?

J'étais revenu dans mon bureau et je réfléchissais au traitement que j'allais proposer à Sophie.

J'étais plus que troublé. Oubliant son cancer, ses rechutes, son avenir qu'elle n'avait probablement plus, je me devais, chaque instant davantage, de reconnaître qu'en réalité, et contre toutes les règles les plus élémentaires de l'art médical, j'étais tombé amoureux d'elle !

Amoureux? Le mot est même faible pour vous décrire les sentiments qui se développaient en moi, qui s'imposaient à moi. Amoureux, je l'avais manifestement été depuis la première seconde où je l'avais rencontrée, même si j'avais refusé de l'admettre ! Non, il s'agissait maintenant de bien davantage que cela car désormais, je l'aimais au-delà de la mort qui s'était immiscée entre nous, et malgré toute la transgression que cela représentait, je l'aimais totalement, éternellement, impossiblement ! Je ne pouvais plus m'aveugler moi-même comme je l'avais fait depuis près de six ans. Non ! Cet amour s'imposait à moi aujourd'hui et je décidai, malgré les circonstances, de le laisser s'emparer de mon cœur !

Donya entra sans que je m'en aperçoive et me prit dans ses bras. Elle posa sur mes lèvres un long baiser avant que j'aie eu le temps de dire le moindre mot.

J'essayai de trouver une excuse pour la repousser, car, vraiment, je n'avais pas la tête à ça. Mais elle insista.

– Samuel, je ne peux plus attendre, j'ai envie de toi ! Depuis ce matin, trois leucémies, deux phases terminales...

– C'est vrai qu'on n'est pas très gâtés aujourd'hui, dis-je en repensant à tout ce que je venais de vivre.

– Faire l'amour est la seule chose qui me remonte le moral. Allez, viens, je t'en prie.

Elle ouvrit sa blouse et commença à déboutonner son chemisier. Je l'arrêtai gentiment.

– Non, vraiment, Donya. S'il te plaît, pas maintenant. J'avoue que je suis un peu sonné.

Je lui racontai ce qui s'était passé avec Lacombe et le malaise dans lequel j'étais depuis. Donya s'écarta de moi, l'air frustré. J'essayai de sourire en reboutonnant son chemisier, comme si je regrettais de ne pouvoir profiter de ce qui m'était offert. Rien n'y faisait. Elle gardait cet air boudeur et renfrogné.

– Je crois que nous avons, pour la première fois en dix ans, trouvé un point de divergence totale entre nous sur l'éthique de notre métier.

– Mais, Samuel, tu sais bien que l'éthique n'a rien à voir avec sa position. Dans trois mois, il y a le Congrès mondial de cancérologie et il veut absolument présenter les premières observations du S1203 chez l'homme. Si le Congrès avait lieu dans huit ou neuf mois, il aurait attendu les résultats chez le singe avant de foncer ! Qu'est-ce que tu crois ?

– Oui, bien entendu, je l'avais compris, mais quand même !

– Il a sa revanche à prendre, comprends-le. Mais de toute façon, il n'a pas besoin de toi pour avancer. Tu n'as qu'à le laisser faire et prendre tes distances...

– Je le sais...

– Alors, où est ton problème ?

Sans répondre, je lui tendis le dossier de Sophie Mancel. Elle l'ouvrit et commença à le parcourir.

– Elle est... intelligente, courageuse. Elle est si belle malgré sa maladie, et si drôle ! Ça fait six ans que je la maintiens.

Donya continuait à lire le dossier de Sophie. Toujours assis, je levai les yeux vers elle :

– Il ne lui reste que trois ou quatre mois à vivre.

J'entendis l'écho de ma propre voix tomber comme un couperet. J'étais au bord des larmes. Ces mots imposaient à mon esprit de comprendre que celle que j'aimais au-delà de tout allait bientôt mourir.

Donya leva les yeux vers moi, cherchant à percer la nature de mes sentiments pour cette jeune femme malade.

Je puisai en moi les dernières forces qu'il me restait pour ravaler mon chagrin, ne rien lui montrer de ce qui me bouleversait.

Elle avait envie de me demander si je l'aimais mais, en même temps, elle craignait ma réponse.

Elle me regarda, referma le dossier qu'elle me rendit, et posa sa main très tendrement sur ma joue. Sans un mot.

Puis, se dirigeant vers la porte, elle se retourna vers moi et me dit que les infirmières attendaient que j'aille examiner la patiente qui venait d'entrer dans le service, chambre 3.

Je ne sus que plus tard ce qui se passa ensuite.

Donya, dès qu'elle me vit quitter mon bureau, y retourna prendre le dossier de Sophie, et fonça voir Lacombe.

– Monsieur, Samuel a parfaitement compris que c'est l'urgence du Congrès dans trois mois qui vous oblige à foncer sans attendre la toxicité chez les singes. Et j'ai bien vu qu'il a aussi compris qu'en cas d'échec, il partagerait les conséquences avec vous, alors que si c'est un succès, c'est vous et vous seul qui en tirerez toute la gloire.

– Ah oui ? Tiens, il est moins con que ce que je croyais ! Est-ce que t'as trouvé quelque chose qui soit susceptible de le faire changer d'avis ?

Elle lui tendit le dossier de Sophie.

– Oui, Sophie Mancel. Il ne lui reste que trois ou quatre mois.

– Et ?

– Il est amoureux d'elle.

– Sûr... ? Petit con !

– Pratiquement.

– Il te l'a dit ?

– Ce sont des choses que les femmes sentent.

– Bon travail. Allez, file remettre ce dossier à sa place. S'il me suit et que le traitement marche, tu auras ta plaque avant la fin de l'année.

Décidément, et vous allez maintenant comprendre pourquoi, le puzzle terrifiant qui dessinait l'avenir de Sophie et celui de l'amour que j'avais pour elle se mettait en place.

De retour vers vingt heures à mon bureau, je tombai sur Lacombe.

– Vous êtes là ?

– Il fallait que je te parle. Je n'ai pas été très honnête avec toi. Le S1203 peut certes sauver des milliers de vies, j'en suis convaincu. Là, je ne t'ai pas menti. Si je voulais l'essayer vite, c'était effectivement pour en foutre plein la vue au Congrès. Mais c'est toi qui as raison... On ne joue pas à la roulette russe avec nos patients ! Tant pis pour le Congrès, attendons les résultats des tests sur les singes.

J'étais impressionné par son humilité, je m'en souviens parfaitement. Elle était si inhabituelle ! Et il avait changé d'avis si vite ! Mais je lui promis que ces salauds qui l'avaient si souvent raillé seraient bien surpris l'année prochaine, au Congrès, lorsqu'il leur montrerait les résultats de ce qui allait probablement être une véritable révolution médicale.

Nous bavardâmes ainsi un moment. Il fit mine de vouloir se retirer. Je le retins en lui demandant son avis sur le cas de Sophie. Je lui tendis son dossier qu'il feuilleta debout, près de la porte. Il pensait tout haut !

– Elle en a partout... Elle a eu tous les traitements... Elle est allergique au Taxotère.

– On pourrait peut-être essayer le...

– Le rien ! Tu as fais tout ce que tu as pu, tu n'as rien à te reprocher. Il ne lui reste que trois ou quatre mois.

Un instant de silence.

– Et avant la fin du mois, avec les métastases osseuses, tu commences la morphine.

Mon sang se glaça.

– Elle a un gamin de neuf ans...

Il me conseilla de dire à Sophie de demander une consultation avec son enfant chez le professeur Chardonnet, pédopsychiatre spécialisé dans l'accompagnement des enfants en souffrance.

Cette perspective, dans ce qu'elle avait de morbide et surtout de définitif, me semblait inacceptable.

Mon cœur se mit à battre. J'eus le sentiment brutal de me préparer à sauter dans le vide quand je repris la parole.

– Et ... le S1203 ?

Il posa le dossier sur mon bureau et me regarda dans les yeux.

– Elle aurait une chance. Mais on n'est pas prêts. Ce foutu produit peut aussi abréger sa vie, hein ?

Je ne sais pourquoi, j'eus l'impression désagréable que cette réponse m'enfermait dans un piège. Son piège. En tout cas, même si c'est le sentiment que j'eus à cet instant précis, je me sentis incapable de la moindre prudence.

– S'il y a une chance, il faut la tenter !

Avec une hypocrisie dont je ne me rendis compte que bien plus tard, il me répondit, comme offusqué :

– Et si le comité d'éthique de l'hôpital l'apprend ?

– Qui va leur dire ? On fera les injections nous-mêmes...

– Non, c'est trop risqué... Attendons les résultats sur les singes.

J'enrageai à mon tour :

– Ce sera trop tard pour elle. Je vais lui parler, c'est elle qui choisira.

La main sur la poignée de la porte, Lacombe lâcha :

– Tu sais, tu as de la chance que je t'aime bien. Bon, OK, si elle signe une décharge... mais vraiment...

Il ne finit pas sa phrase.

– Tu la revois quand avec son bilan ?

– Dans dix jours.

– Eh bien, tu as dix jours pour la convaincre. Passé ce délai, je ne prends plus de risque...

Et, en sortant, il me répéta cette phrase qui me semblait déplacée :

– Tu as de la chance que je t'aime bien.

Seul, déboussolé, incapable d'aligner deux pensées cohérentes, je me rendis compte que je venais d'être pris dans sa nasse. Mais avais-je le choix ? Est-ce que vous n'auriez pas fait la même chose si vous aviez été à ma place, avec cet amour immense qui ne cessait de croître, avec cette peur au ventre que l'objet de votre amour ne disparaisse à tout jamais, emporté par la mort sans combattre ?

Chapitre V

100 jours avant sa mort

Pendant les dix jours au cours desquels elle terminait son bilan, j'arrêtai de vivre. Je ne fis plus qu'attendre de revoir Sophie, l'esprit dans une sorte de tenaille. Mon cœur battait fort mais il se mit à battre plus fort encore quand je la vis entrer.

J'aurais aimé que vous soyez là pour voir comme elle était belle. Vous la décrire ne servirait à rien. Comment pourriez-vous croire qu'une femme sans cheveux, sans cils ni sourcils puisse être purement et simplement belle ?

Je vous jure pourtant que ses yeux verts étincelaient, magnifiques. Qu'elle se tenait droite avec une allure de princesse. Mince, grande, elle avait une poitrine superbe dont on ne pouvait deviner qu'elle était la source de tant de malheur. Il se dégageait d'elle une infinie douceur mêlée d'une force qui inspirait l'admiration. Et moi, je l'avais vue se battre ! Je savais mieux que quiconque à quel point son courage était grand et son amour pour la vie incroyable.

A chacun de ses regards, à chacun de ses gestes, il se dégageait d'elle une élégance rare. Je l'aimais ! J'avais l'impression que je l'avais toujours aimée.

Mais je n'en avais pas le droit.

Elle était ma patiente, j'étais là pour la soigner. Je devais me retenir de lui montrer le moindre signe du feu qui brûlait en moi et qui me rendait fou.

Après les préliminaires d'usage, je me levai de ma chaise, passai de son côté de la table et, prenant sa main, j'essayai de lui expliquer mon projet.

– Sophie, avant que je ne vous parle de votre bilan et de la proposition que j'ai à vous faire, je ne peux vous cacher certaines choses...

Elle plongea ses yeux dans les miens.

– Pourquoi, c'est si terrible que ça ?

Je détournai mon regard, gêné.

– Non, mais c'est profondément contraire à mon éthique.

Elle fit mine d'être choquée.

– Alors, vous avez une éthique pour vos malades, et pour moi...

– Non, non, Sophie, attendez, ne jouez pas avec moi. Je vous en prie, c'est déjà tellement difficile !

Je lui expliquai le résultat des examens qu'elle venait de passer. Une volumineuse masse cancéreuse s'était développée dans son thorax, démarrant sous l'aisselle où je l'avais sentie et finissant entre les deux poumons, derrière le cœur. Elle avait des métastases dans le foie. De plus, le cancer avait envahi deux vertèbres, dont l'une menaçait de se briser.

Au fur et à mesure que je lui décrivais la situation, je la voyais serrer les dents pour essayer de ne pas montrer la peur qui, petit à petit, prenait possession de son esprit.

Son regard devenait étrangement à la fois dur et vide, comme si la mort avait déjà commencé son œuvre et l'avait déjà précipitée dans les dédales d'un cauchemar terrifiant où sa vie allait très bientôt définitivement se perdre.

– Mais il y a peut-être une solution, Sophie. Il faut que vous acceptiez de m'écouter.

– Vous ne comprenez pas, je n'y crois plus ! Ma vie s'enfuit à toute vitesse. Je n'ai plus la force de la retenir... Si vous saviez comme ça fait peur...

Des larmes coulèrent sur ses joues... Sans un sanglot.

Vous ne pouvez imaginer la violence qui me submergea en voyant ces larmes ! A la vue de cette femme – dont j'acceptais enfin de reconnaître ce qu'elle était pour moi – en train de pleurer et souffrir de l'injustice qui l'avait choisie pour victime, j'avais envie de hurler, de frapper mes poings contre les murs. Si la mort avait été un homme, là, face à moi, je l'aurais étranglée avec une jouissance sans limites tant je la haïssais, tant je la vomissais.

Retenant ma rage, je la pris dans mes bras, incapable de lui cacher davantage mes sentiments.

– Je serai toujours à vos côtés, Sophie. Toujours. Depuis toutes ces années, je n'ai pas arrêté de penser à vous. Rappelez-vous les autres patients qui recevaient une chimio et que vous réconfortiez. Pensez à votre courage chaque fois qu'il fallait se battre, ce mélange de lucidité et d'optimisme... Sophie...

Non. Décidément, même si cela vous choque, je dois vous confesser que je n'ai pas pu lui avouer mon amour tant j'avais peur qu'il ne soit pas réciproque.

– S'il y a une solution, pourquoi tant de précautions ? Allez-y !

– Ce n'est pas si simple. Cela dépend aussi de vous.

– Ecoutez, j'ai souvent accepté d'y croire, j'ai fait la fière, je me suis battue. C'était pour mon fils et c'était pour vous. Pour ne pas vous décevoir. Pour exister dans vos yeux autrement que comme la patiente de la « chambre 2 ». Et si je me suis battue pendant six ans, si courageusement comme vous dites, c'est que je voulais que vous me respectiez non pas comme une simple malade mais comme une femme à part entière... Et ça, vous l'avez fait et je vous en remercie.

Elle prit un temps, puis, serrant mes mains :

– Mais aujourd'hui, cette femme, elle n'en peut plus, elle ne veut plus de vos faux espoirs et, plus que tout, elle ne veut pas de votre pitié.

– Ce n'est pas un faux espoir ! Je vous le promets. Lacombe et moi travaillons depuis plusieurs années sur des produits dérivés d'un arbre chinois : « l'arbre de joie ».

– C'est un joli nom !

Je ne sais pas comment, mais nous nous retrouvâmes dans les bras l'un de l'autre, adossés au bureau, nous tenant les mains.

Je lui expliquai que, depuis des millénaires, les Chinois pensaient que cet arbre était magique et que grâce à lui, on pouvait guérir de nombreuses maladies. Il y a quatre ans, au retour d'un séminaire à Pékin, Lacombe avait décidé d'en étudier les produits dérivés. Nous avions extrait des centaines de molécules différentes, à partir des feuilles, des racines, de l'écorce... Lacombe était persuadé que la médecine traditionnelle chinoise avait forcément quelques bases réelles.

Je lui racontai que nous avions testé toutes ces substances sur des cellules cancéreuses en culture et qu'aucune n'avait malheureusement altéré en quoi que ce soit la prolifération habituelle de ces cellules malignes.

– Aucune, jusqu'au S1203.

– Ça, ce n'est pas un très joli nom !

– Non, mais il est joliment efficace ! Nous n'avions aucune raison d'y croire plus que pour les autres, mais, parmi des milliers d'essais, c'est lui qui a marché. Marché au-delà de toutes nos espérances, Sophie ! Il a détruit pratiquement toutes les cellules malignes. On n'avait jamais vu ça avant.

Je sentis naître une lueur d'espoir dans son regard. Je m'y accrochai.

– Ça paraît trop beau pour être vrai.

– C'est ce qu'on s'est dit aussi ! Mais au cours des derniers jours, nous l'avons testé sur des animaux de laboratoire. Et il a eu le même effet incroyable sur les tumeurs greffées chez la souris. Là encore, elles ont toutes régressé et les animaux ont survécu.

Je sentais qu'elle reprenait confiance et cela me faisait plaisir. Je ne pouvais supporter de voir tout ce désespoir envahir son regard, elle qui n'avait jamais baissé les bras.

– C'est probablement l'anticancéreux le plus efficace que l'on ait jamais inventé, mais...

– Parce qu'il y a un mais... Je me disais que c'était trop beau !

– Le mais, c'est que nous ne connaissons pas sa toxicité chez l'homme !

Pendant un instant, nous restâmes silencieux, toujours aussi proches l'un de l'autre.

– Vous avez peur que le remède soit pire que le mal ?

Je lui racontai comment, en administrant une substance prometteuse à des singes dont l'organisme était relativement proche de celui des êtres humains, on pouvait anticiper, en tout cas le plus souvent, ce qui allait se passer chez l'homme.

– Vous ne l'avez pas encore fait ?

– Si, bien sûr ! Des singes ont été traités au S1203 il y a une dizaine de jours, mais il est trop tôt pour être sûr que ce produit ne sera pas un poison chez l'homme. Pour qu'un médicament anticancéreux fasse son effet, comme dans la chimiothérapie que vous avez déjà eue, il faut répéter les injections toutes les deux à trois semaines. L'effet s'additionne contre le cancer, mais le produit s'accumule en même temps dans l'organisme. Et il peut alors se produire une toxicité retardée qui est le plus souvent irréversible !

– Comme quoi ?

– Comme les reins qui se bloquent ou le cœur qui est définitivement lésé. Tout ce que je peux vous dire, c'est que, à ce jour, tous les chimpanzés se portent à merveille.

– C'est plutôt bon signe. Attendons quelques mois pour voir si la répétition des injections ne leur fait pas plus de mal !

– C'est que, Sophie, il faudrait pouvoir attendre. Il faudrait encore du temps...

– Vous voulez dire que ce temps, je ne l'ai plus ?

Je hurlais à l'intérieur de ma tête. J'avais le vertige et ne trouvais rien à quoi m'accrocher. J'aurais voulu être mort, n'avoir jamais vécu ! Comment auriez-vous pu lui dire que ce temps, c'est vrai, elle ne l'avait plus ? Et oser en même temps prétendre que vous l'aimiez au-delà de tout ?

– Si vous l'aviez, Sophie, j'attendrais.

Elle me serra les mains encore plus fort, approcha son visage du mien, et, dans un murmure :

– Si je ne fais rien, c'est pour quand ?

Mon Dieu, aidez-moi. Emmenez-moi loin d'ici. Emmenez-moi où vous voulez, mais faites que je n'aie pas entendu cette question, que je n'aie pas lu dans ces beaux yeux cette froide acceptation de la mort. Je vous en prie, j'aime tellement cette femme, faites en sorte qu'elle ne meure pas...

– Ce n'est pas précis à ce point-là...

– C'est pour quand ?

Je ne pouvais plus lui refuser la vérité. Sa vérité. Elle s'était trop battue jusque-là pour ne pas mériter le respect qui m'obligeait à lui dire la vérité. Et ce, quelle que soit la douleur qui était la mienne, celle d'un homme amoureux d'une femme qui va mourir. Comme un malheureux soldat au bout d'un combat qu'il a perdu, elle méritait d'être traitée avec dignité.

– Trois mois, peut-être quatre...

Elle resta silencieuse, sous le choc de mes mots. Deux chiffres, qui s'apprêtaient à effacer sa vie.

– Si ça marche, c'est la guérison.

– Ça va marcher !

– S'il est toxique ?

– Un mois, deux...

– Et ?

– Je ne sais pas. Peut-être des effets toxiques graves avec leurs conséquences...

– Des douleurs ?

– Peut-être, Sophie, je ne sais pas, mais je serai là, je te le promets.

– Et si les douleurs deviennent insupportables ?

– Je ferai ce qu'il faudra...

– Attends, Samuel... Si vous échouez, Lacombe et toi, m'avoir utilisée comme cobaye... ça pourra en sauver d'autres ?

Incapable de prononcer un mot, la gorge nouée, les yeux pleins de larmes, je n'ai pas trouvé d'autre façon de lui répondre que par un hochement de tête. Elle prit mon visage dans ses mains et m'embrassa.

Elle me murmura à l'oreille :

– Ne me laisse pas souffrir... Jure-le-moi.

L'embrassant à mon tour de toute mon âme :

– Je vous le jure, Sophie... Je te le jure.

Chapitre VI

98 jours avant sa mort

– Samuel, il faut que je t'avoue quelque chose.

Donya semblait extrêmement gênée. Nous étions depuis un bon moment dans mon bureau, corrigeant les copies de l'examen de cancérologie que venaient de passer les étudiants à la fac.

– Quoi ?

– Tu sais, l'autre jour, quand tu t'étais engueulé avec le patron ?

– Oui ?

– Je t'ai trahi, Samuel.

Je levai mes yeux des copies, incrédule.

– Comment ça, trahi ?

– C'est moi qui ai parlé à Lacombe de Sophie Mancel et de ton amour pour elle. Il cherchait un moyen de te convaincre de commencer tout de suite l'essai du S1203 avec lui et, vu tes réticences, il m'a demandé de chercher quelque chose qui te ferait changer d'avis...

Je la regardais, silencieux. Je n'avais rien à dire. Ce qu'elle m'avouait n'était pas très beau, mais, en réalité, ne m'avait-elle pas, sans le vouloir, aidé à prendre la bonne décision ?

– Il faut me comprendre. J'ai un enfant à élever et je suis toute seule. Il m'a promis ma plaque et mes papiers si je trouvais ton talon d'Achille. Il sait pour toi et moi...

– Il y a longtemps que tu as compris que j'étais amoureux d'elle ?

– Je crois que je l'ai compris avant même que, toi, tu ne t'en rendes compte.

– Et... tu m'en veux ?

– Pourquoi ? Ça a toujours été clair entre nous. On n'a jamais mélangé le sexe et les sentiments.

Je voyais qu'elle se sentait coupable mais, au fond, je la comprenais. Elle était si fragile face à ce monument d'égoïsme qu'était Lacombe.

Je la rassurai en lui promettant que je ne lui en voulais pas.

Surtout, j'étais heureux que sa franchise me permette d'avoir quelqu'un à qui parler de cet amour immense qui m'habitait et contre lequel je ne me battais plus. J'avais transgressé toutes les règles de la déontologie médicale. Je n'en étais pas très fier, je vous l'avoue. Et c'est pourquoi j'avais envie – j'avais besoin – de pouvoir en parler. Car mon amour était sincère. Il était pur. J'aimais Sophie de tout mon être, quel que soit le prix à payer pour cela. Je ne redoutais plus la sanction de mes pairs. Je ne redoutais que le verdict de la mort, impitoyable, définitif, qui allait probablement bientôt emporter à jamais mon âme dans la noirceur de l'absence et de la solitude.

Je lui avouai que, sans son intervention, je n'aurais jamais eu le courage de prendre la seule et unique décision qui offrait à celle que j'aimais une chance, aussi minime soit-elle, de partager ma vie.

– Tu veux dire que tu vas vraiment l'utiliser comme cobaye ?

– Trois mois... tu as une meilleure idée?

Elle se leva, furieuse. A l'évidence, elle était choquée de ma décision. Il y avait, dans son attitude, un mélange de déception profonde, parce qu'elle estimait que je m'étais fait bien facilement manipuler, et de culpabilité, pour le rôle qu'elle avait joué dans cette histoire.

– C'est justement parce qu'elle n'a plus que trois mois à vivre que chaque jour qui lui reste a une immense valeur! Si, à cause de toi, elle mourait dans un mois, tu la priverais des deux tiers de ce qui lui reste à vivre. Tu en priverais son fils...!

Elle ouvrit la porte en hurlant.

– Mais ça, Samuel, tu ne peux pas le comprendre, tu n'as pas d'enfant!

Qu'auriez-vous fait à ma place?

Bien sûr, j'aurais pu me déculpabiliser en me disant que j'avais été honnête : j'avais présenté clairement les choses à Sophie et, en définitive, c'est elle qui avait choisi. Mais c'eût été hypocrite de ma part. Vous et moi, et n'importe qui, face à une mort imminente, nous aurions probablement tous accepté n'importe quoi pourvu qu'on nous ait laissé entrevoir une chance, même ridiculement petite, mais une chance quand même, de ne pas mourir.

En me quittant, Donya fonça chez Lacombe.

– Vous êtes fier de vous ? lui hurla-t-elle.

Lacombe fut certes surpris de la violence de son assistante, mais il comprit immédiatement de quoi il s'agissait.

– Je le serai si ça marche.

– Non, monsieur, je veux parler de la façon dont vous avez obtenu leur accord ?

– Dis donc, tu es très mal placée pour me faire la morale, ma petite !

Donya devint toute rouge de haine, pensant au rôle qu'elle avait joué dans cette triste comédie.

– Mais à part vous, personne n'a le choix ! Sophie, parce qu'elle ne veut pas mourir, Samuel, parce qu'il ne veut pas la perdre, et moi, parce que je veux une vie meilleure pour mon fils... Alors que pour vous, tout ce qui compte, c'est d'apparaître comme un héros au journal de vingt heures, d'être encensé par la presse... Je suis... Je suis hors de moi, vous m'écœurez !

– Eh bien, relativise ! Ce n'est quand même pas moi qui vais la tuer, c'est son foutu cancer, merde ! Moi, je fais tout pour la sauver.

Il se mit à tousser. Une quinte rauque qui n'en finissait pas, interminable. Il alla jusqu'à son lavabo et se jeta de l'eau sur la figure. La toux ne passait pas.

Donya se leva, un moment inquiète, mais Lacombe se sentit mieux après avoir bu un peu d'eau.

– Ce n'est pas parce qu'elle n'a plus que trois mois à vivre qu'elle est déjà morte. Personne ne veut comprendre que, vu le temps qui lui reste, chaque jour a une immense valeur.

Lacombe, la voix cassée, essaya de lui expliquer qu'à l'inverse, si plus tard le S1203 se révélait efficace sur d'autres patients, il aurait été dommage de ne pas en avoir fait profiter Sophie.

– Qu'est-ce que tu diras à son fils quand elle sera morte ?

Ne sachant plus que dire, Donya quitta Lacombe et lui lança en sortant :

– Vous devriez faire un scanner. Franchement, vous n'avez pas l'air bien.

Je croisai Donya dans le couloir en allant voir Lacombe. Elle passa devant moi sans même un regard. Elle était furieuse et je me doutais qu'elle avait dû avoir une altercation avec le patron.

J'entrai dans le bureau de Lacombe. Il n'avait pas l'air très en forme, penché sur son lavabo, l'air livide.

Je fus surpris par sa voix dysphonique. Je venais lui confirmer que Sophie avait bien signé une décharge et que tout était prêt pour que nous puissions prévoir une première injection de S1203 dans une dizaine de jours, le temps de préparer un lot suffisant d'ampoules.

J'exigeai de lui qu'il me laissât prendre, à compter de ce jour, toutes les décisions concernant Sophie. Il accepta tout ce que je lui demandai. Il n'était vraiment pas bien mais il m'envoya paître quand je lui conseillai de faire un bilan rapidement.

Chapitre VII

96 jours avant sa mort

Ce que je vais vous raconter maintenant, je ne l'ai su que plus tard, de la bouche de Donya.

Elle était au laboratoire, le nez sur le microscope, quand Sophie Mancel vint la trouver. Elle crut, bien entendu, que Sophie me cherchait, mais il n'en était rien. C'était Donya qu'elle venait voir. Elle en fut gênée.

– Ne faites pas cette tête. J'accepte ce traitement en toute connaissance de cause. Samuel ne m'a rien dissimulé.

– Je suis sûre que tout va bien se passer, madame Mancel, ne vous inquiétez pas.

– Arrêtez, je vous en prie. Pas entre nous... Je peux vous appeler Donya ? Vous savez très bien que je n'ai presque aucune chance de m'en sortir. Même si le S1203 est une vraie découverte, la probabilité de trouver le bon dosage du premier coup et en si peu de temps est ridicule.

– Pourquoi acceptez-vous alors ?

– D'une certaine manière, c'est pour vous.

– Pour moi ?

Donya ne comprenait absolument pas où elle voulait en venir. Sophie lui expliqua alors ce qu'elle avait en tête et la raison pour laquelle elle avait accepté de servir de cobaye.

Elle lui parla d'abord un long moment de son fils, Paul. Il n'avait pas de père, celui-ci n'ayant jamais voulu le reconnaître. Elle n'avait plus de parents et de ce fait, à sa mort, Paul, âgé d'à peine neuf ans, allait être confié à la DDASS.

Donya se sentit touchée par cette histoire. Elle aussi avait un petit garçon, presque du même âge, et elle aussi l'avait élevé seule.

Et puis, même si aucune des deux n'en avait eu vraiment conscience, des liens très chaleureux s'étaient créés entre elles au cours des six années qui venaient de s'écouler.

Chaque fois que Sophie venait à l'hôpital de jour pour une chimiothérapie ou une transfusion, c'était Donya qui s'était occupée d'elle, qui l'avait rassurée, réconfortée, qui avait résolu les mille et un problèmes qui se posent en permanence dans le long parcours du combattant qu'est la maladie. Sophie avait toujours été très sensible à la bonté de Donya, à son humilité, à son dévouement.

A plusieurs reprises au cours de ces années, elle avait suspecté puis compris la relation de profonde complicité – peut-être même sexuelle, s'était-elle dit – qu'elle entretenait avec Samuel. D'ailleurs, elle n'eût pas été choquée que cela fût vrai. Elle imaginait bien ce milieu carabin où chacun cherche à survivre à l'angoisse, aux responsabilités terribles qui touchent à la vie et à la mort, à l'omniprésence de celle-ci. Pour autant, tout cela n'était pas de l'ordre de l'amour mais plutôt d'une nécessité vitale, d'une technique de survie. Au moment de reconnaître son amour pour Samuel, Sophie n'en voulait pas à Donya, même si elle avait compris ce qui s'était passé entre eux.

Du côté de Donya, il y avait de l'estime, de l'admiration même, pour cette jeune mère célibataire qui se battait avec tant de courage contre un cancer redoutable. Une femme fière qui ne se laissait pas faire, qui refusait de se laisser enlaidir par la maladie. Au cours de grandes discussions, elles s'étaient aperçues qu'elles partageaient de nombreux points communs et, petit à petit, cette relation d'estime s'était renforcée. Quand Donya avait compris, quelques jours auparavant, que Samuel était amoureux de Sophie, elle n'avait pas été choquée. D'abord parce qu'elle s'en doutait, et ensuite parce que, d'une certaine façon, elle le comprenait. La seule chose qui la gênait était la transgression des pratiques médicales... Mais, dans une situation aussi extrême, les règles s'imposaient-elles encore ?

– Voilà Donya, si je vous ai parlé avec autant de franchise, c'est parce que Samuel a proposé de se déclarer le père de Paul.

– Quoi ?

Donya tombait des nues !

– Il a fait cela pour me rassurer : ainsi, à ma mort, il pourra garder Paul et lui éviter la DDASS. Mais, même si je suis infiniment touchée par ce geste, je ne sais si je dois l'accepter.

– Pourquoi, vous ne le croyez pas ?

– Non, non. Pas du tout. Là n'est pas la question...

La discussion prenait une étrange tournure.

– Il a fait ça parce qu'il vous aime. Pas pour vous rendre service. Et je sais qu'il aimera Paul comme son propre fils. Et puis quel est le rapport avec moi ?

– Vous êtes mère vous aussi, non ? Vous savez qu'un enfant a besoin d'amour, certes, mais aussi d'une présence. Et Samuel travaille jour et nuit.

– Sarah, la femme de Samuel, saura s'en occuper, j'en suis sûre.

– Encore une fois, Donya, épargnez-moi vos balivernes. Vous savez comme moi qu'ils sont en plein divorce...

Elle prit les deux mains de Donya et lui assena le coup de grâce.

– Je suis une femme lucide. Parfaitement lucide. J'ai énormément réfléchi à ma situation. Je vais bientôt mourir. Très bientôt.

– Mais...

– Non, ne m'interrompez pas. Même si cela vous choque, moi je m'y suis résolue. J'attends cette mort avec une grande sérénité. Elle met fin à un calvaire. Alors, parlons sans nous voiler la face. Je n'ai pas de parents, pas de frère ni de sœur. Rien. Le père de Paul a disparu de ma vie il y a bien longtemps, sans laisser ni soutien, ni adresse. Il ne voulait pas de cet enfant, il a cru que sa naissance était un stratagème pour l'attacher à moi et, malgré toutes mes explications à l'époque, il a pris son courage à deux mains et a foutu le camp. Je ne l'ai plus jamais revu. Je ne saurais d'ailleurs même pas comment le retrouver.

Elle marqua une pause, et plongea lentement son regard dans celui de Donya.

– Il n'y a que Samuel et... vous.

Les deux femmes se regardaient avec une intensité incroyable.

– Avec votre plaque et vos papiers, vous ouvrez votre cabinet. Vous en aurez les moyens car je vous ai désignée comme bénéficiaire de mon assurance vie. Vous aurez le temps de vous occuper de nos deux garçons et vous reprendrez votre relation avec Samuel.

Donya ne savait plus où elle en était. Elle lâcha les mains de Sophie et se réfugia près de la fenêtre, désorientée par ce qu'elle venait d'entendre.

– Mais, Sophie, c'est vous qu'il aime !

– Il va se retrouver seul avec la responsabilité d'un enfant, bon sang !

– Est-ce que vous saisissez un seul instant ce que vous êtes en train de me demander ?

– Si on inversait les rôles, Donya, que feriez-vous à ma place ?

Un long, très long silence s'ensuivit. Tout était dit. Qu'y avait-il à ajouter ? Ces deux femmes, ces deux mères étaient face à face, le cœur battant la chamade, la peur au ventre devant cette épreuve immense, cette douleur insoutenable que la vie leur imposait, l'esprit perdu devant tout ce que ce destin tragique leur préparait.

Sophie allait mourir. Donya le savait. Elle lui demandait l'impossible : consoler Samuel après sa mort, vivre avec lui et faire grandir ensemble un petit orphelin. Quant à Sophie, menacée dans sa dignité de femme face à la mort, elle voulait choisir sa façon de partir et préparer la vie de ceux qu'elle aimait, au-delà même de sa propre existence qui allait bientôt s'achever.

Donya accepta. Elle lui promit de s'occuper de Paul comme de son propre fils et d'aider Samuel à continuer de vivre après sa mort. Sans doute pour la dernière fois dans le temps qui lui restait, Sophie se sentit sereine. Elle savait qu'elle avait fait le bon choix.

Chapitre VIII

92 jours avant sa mort

Je n'oublierai jamais ces quelques semaines. Nous étions en décembre et, comme il arrive parfois, il neigeait sur Paris. Vous dire que cela avait une quelconque importance pour moi serait vous mentir. Je m'en foutais. Il aurait très bien pu faire grand soleil, rien n'aurait été changé pour moi. Je ne sortais plus de l'hôpital. Qu'avais-je à faire dehors ? Rien, car tout ce qui comptait, tout ce qui était important à mes yeux, la vie de Sophie, se jouait ici, à cet étage du bâtiment 10 de l'hôpital Saint-Jean-de-Dieu, dans le service du professeur Lacombe. Depuis que je m'étais autorisé à aimer Sophie et que j'avais accepté nos conditions respectives de malade et de médecin, c'est toute mon existence qui avait été bouleversée. Je me refusais à penser que Sophie allait mourir !

Essayez de me comprendre ! Imaginez que Dieu, ou le destin, ou appelez ça comme vous voulez, vous ait enfin donné droit au bonheur, qu'il vous ait fait rencontrer la femme de votre vie, l'être dont vous avez toujours rêvé, qui vous aime comme vous l'aimez, et qu'au même moment, il vous prive de cet être si cher, en laissant la mort l'emporter dans les ténèbres, à jamais. Mais quel sens peut avoir la vie si de telles choses sont possibles ?

Et pis encore, vous seriez condamné à rester impuissant à sauver celle que vous aimez alors même que vous aviez la responsabilité de la soigner ?

Ce jour-là, je passai voir Sophie dans sa chambre.

Elle commençait à devenir nerveuse, dans l'attente que le traitement lui soit administré. Elle était tendue, mais, malgré les enjeux et les échéances, malgré le diabolique compte à rebours qui réduisait sa vie en mois, voire en semaines, elle ne montrait aucune peur.

Je l'examinai ce matin-là, comme tous les jours. Au bout de mon stéthoscope, son cœur et ses poumons semblaient en parfait état.

– Tout va bien.

Elle eut un sourire presque malicieux.

– Tu crois que c'est la formule la plus appropriée pour décrire la situation...

Je ne sus plus quoi dire, mais, me sentant gêné par son humour, elle reprit :

– Ne t'inquiète pas, je voulais juste te provoquer un peu... pour me donner du courage.

Elle prit ma main qu'elle colla contre ses lèvres.

– Ce que tu fais pour mon fils, c'est... tu ne peux pas savoir comme ça m'aide à partir.

Des larmes emplirent mes yeux.

Jamais je ne la laisserais partir ! Jamais ! Je l'aimais trop. Ce n'était pas pensable. J'étais persuadé – ou peut-être essayais-je de me persuader ? – que le destin n'avait pas mis le S1203, à ce moment précis, entre mes mains, sans que cela ait une signification particulière, un sens caché. Et puis, qu'importent les évidences, s'il ne marchait pas, je trouverais autre chose, je ne sais pas quoi, mais je ne la laisserais pas mourir... Pas sans moi, en tout cas !

Sophie comprit sans doute les pensées qui m'assaillaient. Elle me prit dans ses bras et m'embrassa avec tant d'amour qu'un instant, un très court instant, j'oubliai l'hôpital, le cancer et la mort.

Le lit était tout petit pour deux mais nous restâmes silencieux, allongés l'un contre l'autre pendant de longues minutes. Elles semblaient cependant interminables à qui n'a plus que quelques jours à vivre ou à être heureux. Elle m'expliqua qu'elle était allée voir Lacombe dans son bureau, la veille au soir, et qu'elle lui avait mis le marché en main.

C'est dingue comme cette femme pouvait, par moments, n'avoir peur de rien !

N'importe qui, et une personne aussi gravement malade et fragile, encore davantage, aurait été impressionné à l'idée de se mesurer à un grand mandarin comme le professeur Lacombe. Se lancer dans un tel face-à-face n'avait rien d'évident. Mais elle le fit sans aucun état d'âme, sans aucune inquiétude. Cette énergie, qui l'avait animée tout au long du combat qu'avait été sa vie au cours des dernières années, la renforçait dans sa confrontation avec Lacombe. Elle savait ce qu'elle voulait. Elle savait ce qu'elle valait. Elle était déterminée à ne pas se laisser manipuler et, au contraire, elle avait pris la décision de reprendre les rênes de son destin, aussi court soit-il !

– Professeur Lacombe, je sais à quel point vous tenez à ce que l'on m'injecte votre produit miracle. Je suis venue vous dire que je suis parfaitement lucide et que, d'une certaine manière, je ne suis même plus inquiète. Je sais que je vais bientôt mourir mais pour moi, cette mort est un soulagement car elle met enfin un point final à un combat de six ans.

– Ne dites pas cela ! Le S1203 va marcher...

– Arrêtez avec vos foutaises ! Vous avez manipulé Donya et Samuel pour arriver à vos fins. Mais moi, je ne suis pas dupe ! Vous ne m'impressionnez plus, monsieur Lacombe. Alors, je vais être claire : vous disposez de très peu de temps pour tester le S1203 avant votre congrès, j'accepte d'être votre cobaye, mais c'est donnant-donnant.

– C'est-à-dire ?

– Vous allez me signer une déclaration dans laquelle vous vous engagez à faire en sorte que, quel que soit le résultat de l'expérimentation du S1203, vous obtiendrez pour Donya sa carte de séjour et la reconnaissance de son diplôme de médecin par le Conseil de l'ordre.

Elle me raconta le silence qui suivit, Lacombe faisant les cent pas dans son bureau puis cette réaction, brutale comme toujours :

– Vous avez ma parole.

Elle lui fit signer cet engagement.

Sophie sortit de son sac à main la déclaration sur l'honneur de Lacombe. Elle me la montra comme on exhibe un trophée de chasse. Elle avait gagné. Tout était en place dans sa tête. Elle savait qu'elle allait mourir mais elle se sentait rassurée pour l'avenir de son fils, et quelque part – mais je ne le sus que plus tard – pour le mien.

Chapitre IX

90 jours avant sa mort

Nous étions à la veille de la première injection de S1203.

Toute l'équipe était nerveuse. Au cours des derniers jours, tous étaient tombés sous le charme de Sophie. La perspective de sa mort prochaine, l'idée des risques que cette injection pour le moins prématurée allait lui faire courir avaient créé un climat tendu.

Lacombe n'avait pas été très présent au cours des dernières quarante-huit heures. C'était surprenant car il vivait lui aussi quasiment à l'hôpital et, dans le contexte actuel, on se serait plutôt attendu à le voir tout le temps, en tout cas plus souvent que d'habitude.

Il était tard cette nuit-là quand je pénétrai dans le laboratoire pour chercher les premières ampoules de S1203. Il faisait sombre et seuls les témoins lumineux des appareils de recherche adoucissaient légèrement la pénombre ambiante.

En ouvrant le réfrigérateur, grâce à la lumière qui s'en dégageait, j'aperçus Lacombe assis devant sa paillasse.

– Pardon, je croyais qu'il n'y avait personne. Qu'est-ce que vous faites dans le noir ?

Il se tourna lentement vers moi.

– Rien. Je méditais... Tu viens chercher le S1203 ?

– Oui. La première injection aura lieu demain matin. On va déjà préparer la perfusion.

Il toussa très fort, crachant dans son mouchoir, avant de me demander quelle dose j'allais administrer à Sophie.

– Je vais commencer avec une dose pas trop forte. Dix milligrammes.

– Donne-lui de l'eau distillée, ce sera plus efficace !

Je savais qu'il allait me dire ça ! Mais bon sang, ne voulait-il pas comprendre que nous n'avions aucune idée de la toxicité du S1203 chez l'homme ?

– C'est au moins cent milligrammes que tu dois lui injecter !

– Si c'est toxique, à cent milligrammes, elle en mourra encore plus sûrement que de sa maladie !

Il se leva avec difficulté, comme s'il était totalement épuisé, et se planta devant moi. Son visage, à peine éclairé par la lumière du réfrigérateur, semblait livide.

– Elle connaît les enjeux, Samuel. Respecte son courage. Ose lui administrer la bonne dose.

– Je ne jouerai pas à la roulette russe avec sa vie !

– Elle est où, cette roulette russe ? Mais, mon pauvre Samuel, il y a six balles dans le barillet !

Je me refusais à prendre ce risque. Si je lui donnais cent milligrammes et qu'elle mourait... D'un autre côté, une petite voix, au fond de moi, me criait que Lacombe avait raison. Avec dix milligrammes, je n'avais pratiquement aucune chance d'être efficace ! Je ne savais plus quoi faire. Si au moins nous avions le temps ! Lacombe comprit mon embarras. Avec sa voix toujours cassée, il me dit, calmement :

– C'est encore plus difficile pour elle, Samuel. Ne sois pas dupe, elle sait pertinemment devant quel choix elle te met.

Cette réflexion, bien qu'elle n'eût rien de méchant envers la femme que j'aimais, me déplut et m'irrita.

– Qu'est-ce que vous connaissez de cette femme à la fin ? Soigner des malades ne vous donne pas le droit de vous mettre à leur place, merde !

Lacombe ne répondit pas. Il se tourna et, lentement, alla s'asseoir dans son fauteuil. J'étais malheureux de m'être emporté ainsi avec lui. J'étais désemparé.

Il se releva, alla vers le négatoscope accroché au mur et l'alluma. Des images d'un scanner étaient posées dessus.

– Tu peux jeter un œil à ça ? J'aimerais avoir ton avis.

J'étudiai les images. Il y avait des métastases partout, dans les deux poumons, dans le foie, dans les os. Il y avait aussi une volumineuse tumeur au niveau du pancréas.

Probablement la tumeur primitive, le point de départ de toutes ces métastases.

– Ce n'est pas beau. Cancer du pancréas généralisé, non ?

– Oui. Il lui reste combien de temps à ton avis ?

– Oh, très peu !... deux ou trois mois, guère plus.

Il me demanda quels traitements je préconiserais.

Il n'y en avait aucun. A ce stade, le cancer du pancréas était totalement incurable. Rien ne pouvait en ralentir l'évolution ! Absolument rien !

– Et le S1203 ?

– Même pas. Rappelez-vous, nous l'avons plusieurs fois testé sur les cellules de cancer du pancréas. C'est la seule tumeur sur laquelle il n'ait jamais marché. Les cellules ont continué de proliférer comme si on leur avait donné du sérum physiologique... Non, là, il n'y a rien à faire... Que des soins palliatifs.

Je le vis prendre sa tête entre ses mains. L'image avait quelque chose de surréaliste avec cette obscurité générale et cette lumière blafarde du négatoscope qui créait des ombres étranges.

– Samuel, ce scanner.... C'est le mien.

Je restai absolument immobile pendant que le murmure de sa voix continuait de faire son chemin en moi. Comment était-ce possible ? Je n'arrivais pas à le croire.

Je me souvins tout à coup de l'étrange attitude qu'il avait eue ces derniers temps. Oui, ça pouvait expliquer ces comportements inhabituels, mais je refusais cette explication !

Pas lui. Pas Lacombe. Pas mon patron ! Une rage indicible m'empoigna : je haïssais le cancer comme je ne l'avais jamais encore haï. Il venait tour à tour me voler tous les êtres qui comptaient pour moi. Lacombe avait beau être un fou égoïste, il n'en restait pas moins le Maître, celui qui m'avait tout appris. Celui à qui je devais tout. Qu'aurait été ma vie si je ne l'avais pas rencontré ? Dans cette grande tradition du monde hospitalier, dans ce compagnonnage auprès des malades, il était mon Maître et j'étais son élève. Ma vie dépendait de la sienne, bien au-delà de la question de ma carrière. Je l'admirais car, même s'il était mal embouché, cet être cachait un génie, un pionnier, un aventurier de la lutte contre le cancer. Malgré tout ce qu'il était en apparence, j'aimais cet homme. Profondément.

Cancer du sein avec Sophie. Cancer du pancréas avec Lacombe. A quoi jouait-elle, cette sale maladie ? A me narguer, à me défier, à me montrer coûte que coûte sa supériorité sur nos thérapeutiques dérisoires ? Elle voulait me rappeler quoi ? Me rappeler mon impuissance à sauver les êtres que j'aimais ? Je la maudissais !

Sophie allait mourir. Lacombe allait mourir. Emportés bientôt tous les deux par cette même maladie contre laquelle je me battais depuis plus de dix ans. Si pour Sophie, il restait un infime espoir avec le S1203, il n'y avait plus rien à espérer pour Lacombe. Il serait mort avant le printemps. Je n'arrivais pas à l'accepter.

– Laisse-moi, Samuel, je t'en prie. Je suis fatigué. Pour Sophie, fais ce que tu penses être le mieux.

Par pudeur et aussi parce que j'avais l'habitude de lui obéir, je sortis du labo, emportant dans mes poches de quoi injecter dix milligrammes de S1203 à Sophie.

Lacombe, une fois seul, prit à son tour des ampoules de S1203 dans le frigo, prépara une seringue avec cent cinquante milligrammes de produit. Il se mit un garrot autour du bras, désinfecta sa peau au niveau du pli du coude, et s'injecta tout le liquide. Il ouvrit son tiroir, prit son magnétophone et commença à dicter ce qui suit et que je découvrirai plus tard :

– Dossier clinique du professeur Lacombe. Cancer du pancréas métastatique, généralisé. Aucune thérapie efficace connue à ce jour. Survie probable inférieure à quatre mois, et même certainement plus courte.

Il y avait un blanc à ce moment de la bande. Lacombe avait dû réfléchir avant de continuer.

– Se porte volontairement candidat pour une série d'injections de cent cinquante milligrammes de S1203. Le but de ces injections est simplement d'étudier le plus vite possible la nature et la gravité des effets secondaires du S1203 afin que d'autres patients puissent en bénéficier s'il se révélait un tant soit peu efficace. Pour moi, aucune efficacité attendue car les cancers du pancréas apparaissent clairement résistants à ce produit. Injection faite ce soir, le 28 décembre 2007 à 23 h 07, au bras gauche. Pour l'instant, rien à signaler à part une sensation généralisée de chaleur dans tout le corps.

Chapitre X

89 jours avant sa mort

Sophie reçut son injection de S1203 ce matin-là. C'est moi qui poussai la seringue contenant les dix milligrammes de produit.

Si vous aviez vu le courage de Sophie ! Sa lucidité.

Elle me laissa faire, me confiant le peu qu'il restait de sa vie. Son regard, au moment où le produit commençait à passer dans ses veines, était plein d'amour. Comme si elle avait voulu me pardonner d'avance, au cas où...

Elle s'était faite belle, maquillée, et portait un magnifique foulard Hermès sur la tête. Si elle devait mourir ce jour-là, elle voulait mourir en beauté, pour bien montrer à la mort qu'elle n'en avait rien à faire. Un peu comme ces condamnés qui bravent d'un regard fier le bourreau au moment de l'exécution.

Mon cœur à moi battait à toute vitesse. J'étais complètement paniqué mais je veillais à ne rien montrer à personne, et surtout pas à Sophie. La mort brutale, le choc fatal allait-il se trouver au bout de la seringue ? Allait-elle supporter cette première injection ?

Des dizaines de questions, plus angoissantes les unes que les autres, me taraudaient l'esprit, mais je continuais mes gestes médicaux comme si de rien n'était. Comme s'il ne s'agissait que d'un traitement classique, connu, administré à une patiente quelconque.

Et tout se passa bien. Il n'y eut ni choc, ni défaillance d'aucun organe. Simplement, Sophie me signala une sensation de chaleur dans tout le corps au moment de l'injection.

Je restai une grande partie de la matinée à son chevet, essayant de la distraire autant qu'elle essayait de me faire penser à autre chose. Mais rien n'arriva et je finis par retourner m'occuper de mes autres malades.

Une fois seule, Sophie demanda à l'infirmière si elle pouvait demander à Lacombe de passer la voir.

Il vint dans sa chambre un peu avant midi. Sophie allait bien. En tout cas, le S1203 n'avait provoqué aucun effet secondaire. Il s'assit au bord du lit et prit sa main dans la sienne, étonnamment chaleureux.

– Sophie, je voulais vous témoigner combien je suis fier de votre courage. Samuel m'a dit que l'injection s'est très bien passée. Croisons les doigts. Je suis sûr qu'il n'y aura pas de problème, vous verrez. Et dans une vingtaine de jours, on pourra faire la deuxième. Vous allez voir, tout ira bien.

– Ecoutez, toutes ces phrases n'ont aucune importance pour moi. J'ai accepté d'être votre cobaye. C'est ce que vous vouliez, non ?

– Peut-être, Sophie. Mais je suis sincère et je vous assure que j'imagine toutes vos pensées. C'est pour cela que je vous parle comme je le fais.

– Mais qu'est-ce que vous savez de mes pensées ? Rien. Je vais mourir, moi, ici, dans quelques semaines, et votre S1203 n'y changera rien. Je ne serai demain qu'un cas parmi d'autres dans l'article que vous allez publier sur ce foutu produit. Le patient numéro un.

– Ne dites pas cela, Sophie. Je vous en prie. On ne sait jamais ce dont on peut être certain. Les choses, Sophie, ne sont ni totalement sûres, ni totalement ce qu'elles semblent être. Je suis persuadé que vous allez guérir. Vous verrez. Mais il faut pour cela que vous y croyiez autant que nous.

Sophie percevait une tristesse inhabituelle dans le regard et la voix de Lacombe. Elle se dit que cela lui donnait un air un peu plus humain. Elle aborda le sujet pour lequel elle lui avait demandé de venir.

– Monsieur Lacombe, quand ça ne marche pas, quand c'est foutu, vous dites quoi aux gens ?

– La vérité. Mais ce n'est pas toujours facile.

– Comment ça se passe ?

Lacombe tourna la tête vers la fenêtre, et, les yeux dans le vague, il répondit :

– En général, le malade nous aide.

– Comment ?

– Son premier réflexe est de ménager ses proches. Il demande souvent qu'on ne leur dise rien.

– Et si les proches se mettent à espérer?

– On leur dit alors à eux aussi la vérité, que le malade est perdu, mais on leur fait croire qu'il ne le sait pas.

– Vous voulez dire que tout le monde sait et que tout le monde fait semblant d'y croire...

Sophie chercha à croiser le regard de Lacombe et, serrant à son tour sa main, elle lui posa la question qui lui brûlait les lèvres.

– Mon proche à moi, il s'appelle Paul. C'est mon fils. La prunelle de mes yeux. Il a neuf ans. Que dois-je lui dire? Je vous en supplie, aidez-moi, je ne sais plus quoi faire.

– Si la bataille est perdue, et seulement si elle est perdue, dites-lui la vérité. Expliquez-lui que si vous le quittez, ce n'est pas parce que vous ne l'aimez pas, ni parce qu'il ne vous a pas assez aimée. Expliquez-lui le cancer, votre combat, ces six années, tout ce que vous avez fait pour rester auprès de lui. Dites-lui que malheureusement, le cancer a été plus fort et qu'à partir de maintenant, même s'il ne vous voit plus, vous continuerez à l'aimer. D'un peu plus loin, mais avec autant d'amour. Si vous ne le lui dites pas, il considérera votre silence comme une trahison... Mais dans votre cas, rien n'est encore sûr.

Il se leva, épuisé.

– Faites-moi confiance, je vous promets que si vous devez parler à votre fils, je vous le dirai.

Il sortit de la chambre en lançant à Sophie un regard plein d'affection et d'humilité. Sophie n'en revenait pas ! Autant de franchise, de douceur, d'affection peut-être même ! Le Lacombe qu'elle venait de voir, avec qui elle venait de parler longuement, n'était pas l'irascible professeur de médecine qu'elle connaissait.

Chapitre XI

47 jours avant sa mort

Il faut sans doute que je vous parle un peu de Donya. C'est vrai, avec tout ce que je vous ai raconté, vous pourriez penser que cette jeune femme avait des valeurs morales un peu – comment dire ? – critiquables.

Quasi-esclave de Lacombe depuis plus de douze ans, maîtresse intermittente de son patron puis, depuis quelque temps déjà, de votre serviteur, prête à me trahir pour assurer son avenir professionnel, qui ne la jugerait sévèrement ?

Et pourtant, laissez-moi vous dire que ce serait se tromper sur la véritable nature de

Donya. C'était, en réalité, ce que l'on pourrait appeler – typiquement – une « chic fille ».

Elle était brillante et fine et son français toujours imparfait, loin de lui porter tort, lui donnait un charme supplémentaire. Très brune, toujours souriante, comme savent l'être ceux qui survivent aux plus grandes épreuves, elle était un excellent médecin, humaine avec les malades, toujours soucieuse de mieux les connaître, de mieux les comprendre, refusant que le cancer – son type, son stade, son traitement – suffise à les définir. Elle leur donnait, comme à l'équipe, tout l'amour qu'elle pouvait offrir. Et pourtant, cet amour était pour elle l'objet d'une quête incessante...

Elle aimait et voulait être aimée. Au fond, que pouvait-il y avoir de plus beau et de plus normal ? C'est la quête de cet amour qui l'avait jetée dans les bras de Lacombe. Lui, à vrai dire, n'en avait manifestement rien eu à faire. J'avais, moi, été attiré par ce besoin d'être aimée que j'avais senti en elle.

Pourtant, très vite, dès nos premiers rapports, nous avions compris, elle comme moi, qu'il n'y aurait jamais de véritable amour entre nous. Juste une immense... sympathie et le besoin de s'accrocher l'un à l'autre pour surnager. Le cancer, la souffrance, la mort au quotidien, le désespoir... et puis Lacombe, cette montagne de vanité et d'orgueil, ce bourreau de travail. Il nous fallait survivre à tout cela, tous les jours. Nous avions besoin l'un de l'autre et la sexualité était un exutoire délicieux qui nous permettait de tenir. De ce point de vue, il n'y avait donc aucun mensonge, aucune fausse promesse entre nous.

Ce qui se passa plus tard, et que je vais vous raconter, elle me le confia par la suite. Quand je repense au déroulement des événements, je me dis que c'est sans aucun doute beaucoup mieux comme ça.

Ce soir-là, Donya entra dans le labo chercher les nouvelles ampoules de S1203 pour continuer les injections de Sophie. La pièce était plongée dans la pénombre.

Elle alluma, et, se dirigeant d'un pas sûr vers le frigidaire, elle aperçut Lacombe.

Il était assis, immobile, seul.

Donya s'excusa de l'avoir dérangé mais Lacombe ne répondit pas.

– Je prends les ampoules et je m'en vais.

Lacombe bougea un peu et se recala dans son fauteuil.

– Vous en êtes où, avec Sophie ?

– On lui fait sa troisième injection demain matin.

– Sers-toi et éteins-moi cette lumière, bordel !

Elle fouilla dans le réfrigérateur, trouva les ampoules qu'elle cherchait et fut assez surprise en lisant leur étiquette.

– Monsieur, vous êtes sûr que ce sont des ampoules de S1203 ?

– Qu'est-ce que tu veux que ce soit ? Du lait de chèvre ?

– Non, d'accord. Mais est-ce que ce sont les mêmes que Samuel lui a déjà injectées ?

La réponse était évidente. Et Lacombe ne répondit même pas. Cela ne satisfit pas Donya. Elle ne comprenait pas pourquoi les étiquettes indiquaient que les ampoules contenaient dix milligrammes de solution alors qu'elles étaient pleines à ras bord. C'est-à-dire qu'elles devaient en contenir près de dix fois plus !

Lacombe essaya d'éluder la question en suggérant qu'il avait dû y avoir une erreur en tapant les étiquettes.

Encore une fois, cela ne pouvait rassurer Donya qui savait bien que ces étiquettes étaient préparées à la pharmacie centrale de l'hôpital avec toute une série de contrôles qui n'auraient jamais permis une telle erreur.

– Une erreur est humaine, même à la pharmacie centrale, dit-il pour essayer de la convaincre.

C'en était trop ! Elle se souvenait parfaitement à présent que ces ampoules ne contenaient que très peu de liquide lorsqu'elle était allée les chercher à la pharmacie, la veille de la première injection. Elle se pencha de nouveau et fouilla davantage dans le frigidaire.

Elle y trouva d'autres ampoules de S1203, tout au fond de l'étagère.

– Tenez, celles-ci sont toujours à peine remplies, montra-t-elle à Lacombe, visiblement de plus en plus irrité. Vous voyez bien qu'elles ne contiennent pas la même chose !

Lacombe se leva, brutalement, repoussant sa chaise qui alla valser contre la paillasse. Il y avait dans son geste un mélange de lassitude et de violence.

– Oublie ça et remets ces ampoules à leur place.

Il lui arracha les ampoules peu remplies des mains et les remit lui-même dans le réfrigérateur.

Il y avait dans l'attitude de Lacombe quelque chose que Donya ne comprenait pas. Le regard qu'elle lui jeta exprimait toutes ses interrogations.

– Ce n'est pas ton problème ! Merde, à la fin ! Tu as compris ? Fous-moi la paix !

Insidieusement, la réalité de ce qui se passait et que Donya, par hasard, était en train de découvrir pénétrait dans son cerveau. Et ce qu'elle commençait à comprendre la glaça de terreur.

– Vous n'avez tout de même pas osé...

– Je lui ai dit qu'il fallait cent milligrammes ! Il ne voulait pas m'écouter. Je n'ai pas eu le choix !

Donya crut un instant qu'elle devenait folle. Cette scène dépassait tout ce qu'elle pouvait imaginer !

Dans un geste incroyable que seule sa mégalomanie pouvait expliquer, Lacombe avait augmenté de façon gigantesque la dose de S1203 contenue dans chaque ampoule. Chacune d'entre elles devait contenir maintenant non pas dix milligrammes mais cent, ou plus !

Irresponsable : c'est le seul mot qui venait à l'esprit de Donya. Ce qu'il avait fait était tout bonnement irresponsable ! Lacombe, toujours aussi sûr de lui, avait triché. Inconscient – ou, pis, indifférent – des risques peut-être mortels qu'il faisait courir à Sophie, il avait trompé Samuel en augmentant à son insu les quantités de S1203 que celui-ci prescrivait à la malade. Il n'en avait pas le droit. Il ne pouvait à lui seul décider ainsi de jouer la vie de Sophie à pile ou face.

– C'est Samuel qui n'a pas le droit ! hurla-t-il. Il est tenu d'obéir à son chef de service et, jusqu'à preuve du contraire, le patron, c'est moi !

– Mais, vous êtes fou ! Vous vous rendez compte de ce que vous avez fait ?

– J'ai fait ce qu'il fallait pour avoir une chance de sauver cette petite.

Elle lui expliqua qu'à cent milligrammes par injection, personne ne savait comment la patiente allait réagir. Mais il était absolument sûr de son fait.

– Moi je le sais ! Et ça devrait te suffire !

– Eh bien, non, justement, ça ne me suffit pas ! Je ne serai pas complice d'un assassinat !

Donya, les ampoules falsifiées dans la main, se dirigeait vers la porte quand Lacombe se précipita sur elle et l'arrêta.

– Arrête ! Tu vas tout foutre en l'air.

Il marqua un temps, retrouvant un peu de calme.

– Les effets secondaires sont tout à fait acceptables, même à cette dose. J'en suis certain.

Toujours aussi furieuse, elle ne put s'empêcher de décocher :

– A l'époque aussi, vous en étiez certain. On a vu les résultats !

Lacombe la lâcha, se retourna et, allant prendre son dossier médical caché dans un tiroir, répondit, la voix à peine audible :

– Ça va avec ça ! Ce n'est pas pareil ! Cette fois, tout est différent... Je l'ai testé sur moi. Je suis monté jusqu'à des doses de cinq cents milligrammes.

Il lui tendit son dossier.

Intriguée, décontenancée, incapable de répondre, Donya le prit et feuilleta les pages, lentement, une à une, s'enfonçant davantage à chaque mot dans un insoutenable cauchemar. Elle découvrit qu'il avait un cancer. Du pancréas. Complètement généralisé et donc incurable. Son espérance de vie, au moment du diagnostic, quelques semaines auparavant, ne dépassait pas trois mois. Il avait donc décidé que, perdu pour perdu, et parfaitement conscient qu'il n'avait rien à espérer de ce médicament, il allait tester sur lui des doses cinquante fois plus élevées que celles que son adjoint Samuel s'apprêtait à injecter à Sophie.

S'il y avait le moindre effet secondaire important à craindre avec le S1203, il le saurait, et le vivrait, avant Sophie. Il était prêt à se sacrifier et l'avait fait.

Et tout se passait bien. Il décrivait dans son observation médicale quelques nausées, quelques vomissements, un peu de diarrhée, mais rien d'extraordinaire, ni rien de dangereux.

Dès la première injection, marchant devant, tel un premier de cordée ou un éclaireur traversant une contrée dangereuse, il avait trafiqué les ampoules de S1203 destinées à Sophie et avait laissé Samuel croire qu'il n'administrait qu'une petite dose de produit à celle qu'il aimait et qu'il voulait sauver.

Il y avait chez Lacombe un étrange mélange de courage, d'obstination, de folie, et d'altruisme.

Comment juger un tel individu ?

Réduire l'explication de ses actes à son goût pour le pouvoir ne tenait pas la route. Si tel était le cas, pourquoi aurait-il pris un tel risque dans le peu de temps qu'il lui restait à vivre ? Pour Sophie ? Mais qui, si l'on suivait ce schéma trop simpliste, pourrait avoir assez d'importance ou de valeur pour lui au point qu'il engage sa propre vie dans un jeu de hasard aussi probablement mortel ?

Son envie irrésistible de vaincre un jour la maladie contre laquelle il avait lutté depuis si longtemps, cette maladie qui était venue, il y a quelques semaines, le narguer jusque dans sa propre vie, était-elle à l'origine de ce geste totalement fou ?

Ou, se sachant perdu irrémédiablement, avait-il eu envie de donner toutes ses chances à cette femme délicieuse qu'était Sophie, d'offrir en même temps à son élève, son complice depuis dix ans, la possibilité d'être enfin heureux dans les bras de celle qu'il aimait ?

Donya ne savait que penser, impressionnée par tant de courage et abattue à l'idée de perdre pour toujours son patron qu'au fond d'elle, elle admirait.

Elle serra les mains de Lacombe dans un geste d'une infinie tendresse et, d'une voix cassée où l'on devinait des sanglots contenus, elle ne sut rien dire d'autre que :

– Excusez-moi, monsieur.

Il lui rendit son témoignage d'affection et la serra un bref instant dans ses bras. Il lui expliqua que s'il avait pu supporter sans trop de problèmes six injections hebdomadaires de cinq cents milligrammes, Sophie pourrait sans aucun doute supporter, elle, sa troisième injection de cent milligrammes.

Donya lui demanda si son état s'était amélioré. Lacombe, répondant par la négative, en fit la description sans détour : son cancer avançait à pas rapides, il commençait à avoir des douleurs abdominales et il était à présent sous morphine.

– Avec le pancréas, tu sais...

Elle ne put s'empêcher de le tutoyer, comme à l'époque où ils avaient eu une courte aventure :

– Tu veux m'en parler ? Si tu as besoin de quelque chose...

D'un geste qui signifiait un non sans appel, il la coupa :

– Je sais, je sais... Allez, prends tes ampoules et file ! Je suis fatigué...

Donya sortit de la pièce, laissant derrière elle un bout de sa vie.

Chapitre XII

15 jours avant sa mort

Cela faisait dix jours que Sophie avait reçu sa sixième injection de S1203. Si les premières s'étaient passées sans difficulté particulière, les choses avaient sensiblement changé avec la cinquième dose. Et depuis trois interminables jours, elle était très mal. Elle présentait une septicémie gravissime, liée à un germe particulièrement résistant et agressif. Ses défenses immunitaires s'étant effondrées du fait du S1203, elle était incapable de se défendre contre le germe qui l'attaquait. Sa température oscillait entre 40 et 41 degrés, et sa tension artérielle arrivait à peine à huit de maximum malgré les doses massives de tonicardiaques que je lui perfusais à la seringue électrique. Son cœur et ses reins commençaient à souffrir du bas débit sanguin et j'avais réellement peur que son organisme ne soit pas capable d'en supporter davantage. Elle pouvait mourir à tout instant. Dès que l'infection était apparue, j'avais décidé de rester jour et nuit auprès d'elle, de ne plus la laisser un seul instant, et de diriger moi-même sa réanimation.

Je ne m'occupais d'aucun autre patient. Je ne sortais plus de sa chambre, incapable de penser à autre chose qu'à elle. Je l'aimais plus que ma propre vie que j'aurais donnée sans hésitation si cela avait pu sauver la sienne. Son cœur était si faible... et le mien ne battait que pour elle. Pourquoi la mort voulait-elle ainsi m'interdire le bonheur? Qu'avait-elle à prouver? Qu'elle avait gagné chaque fois, avec chaque malade qu'avant Sophie elle avait décidé de m'enlever?

Je dormais deux ou trois heures par nuit, dans un fauteuil, près d'elle.

Elle était épuisée, elle qui avait été si forte, si déterminée à vivre.

J'essuyais son front couvert de sueur, impuissant à juguler l'infection. Mais j'espérais que ce geste, que je répétais cent fois, lui disait ma présence. Je ne sais si elle était réellement consciente, car la plupart du temps elle délirait, l'esprit perturbé par la fièvre. Au fond de moi, j'espérais néanmoins qu'elle me sentait à ses côtés, qu'elle percevait mon amour pour elle. Comme une source d'énergie que je voulais lui donner pour qu'elle trouve encore la force de rester vivante. Plus j'essayais de lui transmettre cette chaleur, plus j'étais traversé par le doute.

Pourquoi devrais-je lui survivre ? Cette question me hantait. A quoi bon continuer à me lever, à me préparer, à soigner mes malades, si demain elle venait à disparaître ? Demain... pouvait être en fait chaque instant.

Non, ma vie aurait perdu son sens. Sans elle, rien ne me retiendrait plus dans ce monde et la secrète promesse que je lui avais faite en injectant ce produit de la dernière chance, de la suivre dans la mort si elle venait à mourir, cette promesse, je savais que je la respecterais.

Comme le gage de la sincérité et de la force de mon amour.

Immobile, je la regardais pendant de longues minutes.

Malgré la maladie, malgré la fièvre, elle était si belle ! Un ange venu du ciel pour souffrir.

Sortant un instant du brouillard de ses douleurs, elle me murmura, comme si elle avait entendu mes pensées :

– Je n'en peux plus, mon chéri. Laisse-moi m'en aller...

Je la pris dans mes bras, ivre de rage et de chagrin. Je n'étais plus médecin. Je n'étais plus qu'un homme, effondré, accablé de douleur devant tant d'injustice, tant d'horreur. Je lui répétai à l'oreille de tenir bon, d'y croire encore. Je lui mentis aussi, lui racontant que la fièvre baissait un peu.

Elle esquissa un geste de la main, comme pour prendre la mienne.

– Je t'en supplie, mon amour... Ça fait des jours et des jours que je souffre le martyre, c'est trop dur. Je n'en peux plus, il faut que ça s'arrête, les minutes sont trop longues.

– Tu vas guérir, ma chérie. Tu vas guérir. Tu verras. Tu es en rémission, ou presque. Les scanners que nous avons faits après la troisième dose montraient que les tumeurs avaient presque disparu. Tiens bon, mon amour. Si cette septicémie passe, c'est gagné.

Elle ouvrit un peu les yeux et me regarda, le visage baigné de larmes.

– Si, si, si... toujours des si. Si je pars, je ne souffrirai plus, et ça, c'est une certitude.

Serrant sa main, couvrant son visage de baisers, j'essayais encore et encore de la convaincre de tenir bon, de s'accrocher.

– Je n'ai plus la force, Samuel.

– Pense à ton fils !

Malgré sa faiblesse, elle se raidit, dans un sursaut de rage que j'avais volontairement provoqué. Elle hurla faiblement, en sanglots :

– Salaud ! Salaud ! Tu n'as pas le droit !

– Je veux que tu vives. J'ai tous les droits.

Son corps redevint mou, sans force.

– Oui. Je me bats encore pour mon fils... pour toi... une journée !

Chapitre XIII

14 jours avant sa mort

Vous ne le croirez pas, mais c'est pourtant la vérité.

Le lendemain, c'est Donya qui, la première, reçut les résultats du bilan de Sophie. Ce qu'elle lut ce matin-là la remplit de joie.

La vie semblait enfin pouvoir gagner sur la mort ! Elle était émue, presque aux larmes. Ces résultats montraient que le cours du destin avait changé. Elle en était heureuse, fière aussi, et bouleversée. Elle chercha Samuel, ne tenant plus en place. Ne le trouvant pas, ne pouvant attendre davantage pour partager son excitation, elle se précipita dans le bureau de Lacombe : Sophie n'avait plus de fièvre, la septicémie était guérie et les scanners, ce matin-là, indiquaient la disparition totale de toute trace de cancer dans son corps.

– Sophie est en rémission, vous vous rendez compte !

Lacombe lâcha les documents qu'il était en train de ranger dans un carton.

– Je le savais ! Ce foutu S1203 est le plus grand médicament anticancéreux qu'on ait jamais découvert !

Il sautait de joie, comme un enfant qui jubile.

– Vous lui avez sauvé la vie !

– Tu imagines le nombre de vies...

Il s'interrompit, l'esprit subitement ailleurs, conscient de ce qui l'attendait.

– Et pour vous, monsieur ?

Il ne répondit pas à la question. Sans s'arrêter de ranger ses affaires, il lui indiqua qu'il avait mis dans son casier la reconnaissance de son diplôme et sa carte de séjour.

– Tu vas pouvoir ouvrir ton cabinet... Tu es un bon médecin, tu sais, un très bon médecin.

Il ajouta qu'il avait écrit à l'un de ses amis, banquier, pour qu'il lui accorde le prêt nécessaire pour son installation.

Donya ne savait comment réagir. Evoquer son avenir lui semblait complètement insignifiant face à ce qui se jouait devant elle. Lacombe allait mourir, probablement d'ici quelques jours à peine. Il avait tellement maigri ! Il n'était plus qu'une sorte d'ombre, dont seul le regard était encore vraiment vivant. Quatorze ans. Quatorze ans qu'elle travaillait à ses côtés, l'aimant et le détestant tour à tour sans cesser de l'admirer. Souvent, elle s'était demandé pourquoi elle l'avait supporté, elle qui n'était bien souvent que son souffre-douleur ou son larbin. Elle avait le sentiment de comprendre aujourd'hui. Une fois de plus, il avait eu raison. Le S1203 était le plus grand médicament anticancéreux qui ait jamais existé.

Vous vous rendez compte ! Il fallait qu'il soit sacrément puissant pour provoquer la rémission d'une maladie aussi avancée et aussi résistante, en à peine plus de deux mois. Un cancer en sixième rechute, réapparaissant chaque fois, malgré tous les traitements que Sophie avait reçus avant lui !

Et puis, cette dignité. Donya savait ses douleurs car elle avait eu souvent à soigner des patients atteints de cancer du pancréas. Elle devinait, par l'économie des mouvements de Lacombe, que sa tumeur devait le faire horriblement souffrir malgré la morphine. Mais il n'en montrait rien. Il ne se plaignait pas. Il allait mourir et il rangeait ses affaires comme s'il allait juste s'installer ailleurs.

– Henri...

– Tais-toi. Tu ne me dois rien. C'est moi, Donya, qui te dois beaucoup.

Un silence.

– Mais je ne serai plus là pour en profiter.

Donya le prit dans ses bras, bouleversée de voir ce si grand homme, ce si grand médecin réduit à n'être plus qu'une silhouette décharnée flottant dans des vêtements devenus beaucoup trop grands.

– Tu as peur?

Il la regarda intensément, comme s'il voulait être sûr de ne jamais l'oublier.

– Oui... Allez, laisse-moi tranquille. File. J'ai deux ou trois choses à régler.

Il l'embrassa tendrement sur les joues, essuyant du revers de sa main les larmes qui coulaient des yeux de Donya.

Elle sortit du bureau, laissant Lacombe face à son terrible destin.

C'est à ce moment-là que j'entrai.

Pas rasé depuis cinq jours, je n'avais pas ce que l'on peut appeler une mine superbe. Mais je ne voulais pas attendre avant d'annoncer, le premier – en tout cas, je le croyais –, la bonne nouvelle à mon patron.

– Monsieur, je voulais être le premier à vous l'annoncer...

– Quoi donc ?

– Sophie n'a plus de fièvre. Et il n'y a plus rien sur les scanners. Elle est en rémission !

Lacombe continuait bizarrement à ranger ses affaires, comme si cette nouvelle le laissait indifférent.

– Heureusement que je ne lui ai administré que dix milligrammes !

Lacombe daigna enfin lever les yeux et me regarder.

– C'est toi qui avais raison, mon petit. Tu lui as sauvé la vie. Je suis fier de toi.

– Vous vous rendez compte que si je vous avais écouté, elle aurait pu mourir avec vos doses de cheval !

Il eut un petit sourire, assez ambigu.

– Eh bien, je me suis trompé, n'en parlons plus.

Je fis mine de mettre fin à cette conversation et de me diriger vers la porte quand je décidai de lui dire combien, au contraire, je savais qu'il avait eu raison envers et contre tous. Y compris contre moi !

– C'est drôle, j'aurais pensé que vous auriez pu être le genre de patron assez courageux pour tester sur vous-même le bon dosage. Remarquez, la situation aurait même pu être encore pire : vous auriez pu être le genre de patron à le faire en secret puis laisser croire à un jeune médecin un peu trop arrogant que c'est lui qui a tout fait... Et même, pourquoi pas, pousser la suprême élégance jusqu'à le laisser vous narguer sans même chercher à le démentir... Sophie vous doit tout et moi, je vous dois Sophie.

Il fit comme si de rien n'était, leva son regard vers moi un instant, une esquisse de sourire aux lèvres, puis reprit son rangement.

– Samuel, tu diras à Donya que maintenant qu'elle va être à son compte, il faut qu'elle apprenne à respecter le secret médical.

Pas mécontent de cette réponse à mon allusion, il s'arrêta un instant, s'effondra dans son fauteuil.

Il balaya lentement du regard la pièce qui avait été son bureau, d'où il avait mené tous ses combats, et murmura, levant un doigt au ciel :

– C'est vrai. Normalement j'aurais claironné que c'est moi qui avais raison... mais là, s'Il existe, j'ai envie de le mettre de mon côté.

Je m'assis en face de lui, ému d'une si grande intimité avec ce patron que j'aimais tant, que j'admirais tant, mais, en même temps, la gorge nouée à la pensée qu'il allait disparaître dans les tout prochains jours.

– Je peux faire quelque chose pour vous ?

– Oui, Samuel. Continue. Continue le travail que nous avons commencé ensemble. Il y a tant de malades à guérir, tant de souffrances et de douleurs à soulager. Fonce. Ne laisse rien t'arrêter. Crois-y comme moi j'y ai cru. Et puis, ne suis pas mon exemple. On peut être un grand patron sans être nécessairement un grand con.

Il fit une pause.

– Je t'ai désigné pour être mon successeur à la tête de ce service.

Cette merveilleuse nouvelle, au lieu de me réjouir, me transperça comme un coup de poignard. Elle m'obligeait à prendre brutalement conscience de sa mort imminente. Du vide qu'il laissait et que j'allais devoir remplir. De son destin qui bousculait le mien.

Cette chefferie de service, je n'en voulais pas. C'était la sienne, uniquement la sienne ! Je l'avais toujours respecté en cela. Je ne voulais pas qu'il meure, qu'il me laisse, qu'il m'abandonne ! J'avais le sentiment d'avoir encore tant besoin de lui. Il dut sentir mon trouble.

– Tu sais, je ne l'ai fait que parce que tu le mérites.

Il dit cela en montrant de nouveau le ciel du doigt.

– Avec la découverte du S1203, tous les internes vont se bousculer dans le service. Méfie-toi de ceux qui viennent de province, d'accord ?

Jusqu'au bout, il aurait usé de son humour dévastateur. Je restai sans réponse, le cœur prêt à exploser de chagrin.

Cet homme était un grand homme. Il était mon patron et j'étais son élève. Ma vie n'avait eu de sens que parce que j'étais à ses côtés. Il ne pouvait pas me laisser tomber ainsi !

Il se leva, prit une boîte dans son armoire, et me la tendit.

– Ma collection de cravates. J'espère que tu les porteras.

Il me poussa doucement vers la sortie, et me prenant une dernière fois dans ses bras, il prononça cette phrase qui est restée gravée dans ma mémoire :

– Au revoir, Samuel, mon ami... Pardon, professeur Sibony.

Chapitre XIV

6 jours avant sa mort

Huit jours plus tard, Lacombe vint pour la dernière fois dans son service chercher ses affaires.

Entre-temps, Sophie commençait à récupérer de son lourd traitement et de sa septicémie. Elle reprenait vie, chaque jour un peu plus resplendissante. Elle avait fait promettre à la secrétaire de Lacombe de la prévenir si celui-ci repassait par là.

C'est ainsi qu'elle frappa à sa porte ce matin-là.

Elle trouva Lacombe cachectique, d'une maigreur terrifiante. Son cancer avait encore progressé. Il était au bout de sa vie. Elle s'assit en face de lui, déjà belle de nouveau. Il fut intimidé par sa beauté et sans doute aussi par cette lueur de vitalité qui brillait dans ses yeux.

Ils se mirent à parler, de banalités d'abord. Puis il lui demanda si elle sortait bien le lendemain, ce qu'elle confirma. Avec un air gêné, il lui dit qu'il imaginait qu'elle était au courant.

– Que vous avez tenu vos engagements vis-à-vis de Donya ? lui répondit-elle.

Il fut surpris de sa réponse, me raconta-t-elle plus tard. Mais il n'insista pas.

– Vous savez, je ne suis pas très fier de la façon dont tout cela s'est passé.

– Vous avez tort, monsieur le Professeur. Je ne croyais pas du tout à votre médicament miracle ! Mais je voulais que Donya obtienne ses papiers. C'est tout. En acceptant mon marché, vous m'avez en réalité sauvé la vie.

Lacombe eut plaisir à entendre ce compliment. Pour lui qui avait consacré sa vie à essayer de sauver des vies, l'aveu de Sophie sonnait comme une ultime victoire. Même si cette victoire semblait bien dérisoire au regard de ce qui l'attendait.

C'est avec beaucoup de sincérité qu'à son tour, il dit à Sophie combien il l'avait trouvée courageuse.

– Oui, enfin, courageuse certes, mais je ne suis pas la seule.

Il ne comprenait pas où elle voulait en venir.

– Sophie, vous êtes sûre que Samuel et Donya ne vous ont rien dit ?

– Non, pourquoi ? Il y avait quelque chose de particulier à savoir ?

Un peu déçu, il se leva au prix d'un effort démesuré. Il avança lentement vers la porte, comme pour indiquer à Sophie que l'entretien était terminé. La touchant à l'épaule, il lui répondit, d'une voix à peine audible, comme s'il se parlait en fait à lui-même.

– Oui. Je pars... à la retraite. Je ne veux pas du combat de trop.

Il marqua un petit temps et reprit :

– Votre guérison sera ma plus belle victoire.

Sophie se leva à son tour, s'avançant d'un pas lent vers la porte :

– Vous n'imaginez pas à quel point votre victoire me fait plaisir.

Lacombe, prenant les mains de Sophie dans les siennes, s'arrêta un instant.

– Grâce à vous, Sophie, je peux partir tranquille.

Elle plongea son regard si puissant dans ses yeux déjà presque éteints.

– Je ne chercherai pas à vous revoir. Vous connaissant un peu, vous êtes le genre d'homme à partir très loin, non?

Il l'embrassa tendrement, la main sur la poignée de la porte.

– Soyez heureuse, Sophie. Vous l'avez bien mérité.

Elle s'arrêta sur le seuil de la porte et, se retournant une dernière fois vers Lacombe :

– Bon voyage, monsieur. Là-haut, Il sait que vous l'avez bien mérité.

Épilogue

A l'enterrement d'Henri Lacombe, Donya vint accompagnée de son fils, comme Sophie. Les deux enfants, presque du même âge, avaient l'air si sérieux à la main de leur mère !

Donya allait s'installer en ville afin d'avoir enfin le temps de s'occuper de son fils, de l'accompagner à l'école tous les jours, de le voir grandir.

Sophie était toujours aussi belle. Toute trace de son lourd traitement avait disparu. Ses examens étaient absolument normaux. Elle était guérie grâce aux six injections de S1203 et ne rechuta plus. Je m'étais installé chez elle et je bénissais, à chaque instant, cette chance qui m'avait fait la rencontrer et l'aimer.

Jamais, depuis ce jour, je n'ai cessé de penser à mon maître, le professeur Henri Lacombe, qui m'a permis de la sauver.

« L'arbre de joie » existe vraiment. Il s'appelle en fait « Xi Shu » en chinois. Il n'existe pratiquement qu'en Chine et au Tibet où, depuis l'Antiquité, il est utilisé dans la médecine traditionnelle pour traiter le psoriasis, le rhume, les douleurs gastriques et la leucémie.

Son nom latin est *Camptotheca aciminata*.

En 1958, les docteurs Monroe E. Wall et Jonathan Hartwell à l'Institut national du cancer américain, à Bethestda près de Washington, vont découvrir les propriétés anticancéreuses des extraits de cet arbre.

En 1966, une première substance médicamenteuse fut purifiée. Elle se révéla trop toxique chez l'homme. Il fallut attendre les années 1980 pour que l'on extraie deux autres substances (le Topotecan et l'Irinotecan) qui devinrent deux très puissants médicaments anticancéreux toujours très utilisés aujourd'hui.

Cet ouvrage a été composé et imprimé par
CPI Firmin Didot à Mesnil-sur-l'Estrée
pour le compte des Éditions Plon
76, rue Bonaparte
Paris 6e
en février 2009

Imprimé en France
Dépôt légal : février 2009
N° d'édition : 14400 – N° d'impression : 92140